学習英文法研究の新展開

教員が知っておくべき文法

開拓社
言語・文化選書
106

学習英文法研究の新展開

教員が知っておくべき文法

前川貴史・西脇幸太・吉田幸治 編

出水孝典・山本　修
前川貴史・吉田幸治
平井大輔・西脇幸太
里井久輝・杉浦香織 著

開拓社

はしがき

　明治時代の人々は，文明開化を推し進めるため，西洋の先進的な学術文化を日本に移入することに努めた。そのためには，西洋の文献を正確に読み解くことが必要であった。このような事情を背景として，読解に必要かつ効果的な英語学習法および英語指導法が確立されていった。そうしたもののひとつが「学習英文法」である（齋藤 (2022)，江利川 (2023)）。

　しかし現代における学習英文法において，このような歴史的背景が意識されることはまずない。よって本書『学習英文法研究の新展開』においても史的変遷は特に意識せず，「学習英文法」という用語は「英語学習が効果的に進むよう工夫された英文法」を指すものとする。

　英語学習を企図していることから，学習英文法の主な対象は学習者である。一方，学校・大学で英語教育に従事する教員のために準備された英文法も，学習英文法と呼ばれることがある。本書は，主に後者の学習英文法を意図している。つまり本書は，英語教育に携わる教師が指導に必要な文法知識を正確なものとし，より深められるようにすることを目的としている。そのような意味で本書は，綿貫ほか (1994)，Cowan (2008)，Larsen-Freeman and Celce-Murcia (2015)，加賀・大橋 (2017) などと同じ視点を持つ。

しかし本書は，教師のための学習英文法を網羅的に解説したものではない。英語教師が日々の授業で教える基礎的な文法事項の裏には，複雑で高度な文法システムが潜んでいる。これらについては，授業で直接取り上げる機会はほとんどないかもしれない。しかし，教師が文法を教授する上での判断力を強化し，学習者の質問に対して自信を持って対応するために，それらの知識は不可欠と言える。本書は，英語文法の「裏側」を深く掘り下げることで，教師が高度な知識を備え，文法に対する幅広い視野を持つことができるようにサポートすることをその最大の特色としている。単なる文法規則だけではなく，英語の本質的な仕組みを理解し，学習者に対して質の高い文法教育を提供するための基盤となることを願っている。授業で教える文法以上に，教師自身が持つ深い理解こそが，優れた教育を可能にすると考えられる。

　本書の第二の特色は，英語学や言語学の研究を学習英文法にどのように活用するかという視点を提示していることである。本書の各章の著者は，英語の文法そのものを研究対象にしている者ばかりではない。多くの章を，理論言語学や音声学などを専門とする研究者が執筆し，その研究成果を英語教育の現場に届けることを目指している。もちろん，このような試みは本書がはじめてのものであるというわけではない。近年だけでも，岡田（2001），藤田ほか（編）（2012），長谷川（編）（2015），今尾ほか（編）（2017），中川ほか（2017），池内ほか（編）（2018）などが，英語教育と英語学・言語学との接続を行い，それぞれに大きな成果を上げている。本書はこれらに続く取り組みであると位置づけら

れるが，あまり専門的すぎる内容とはならないように一定配慮したつもりである。

また，英語学習における音読の重要性を議論する章（第7章）を設けていることは，学習英文法をテーマとする本書の第三の特色として挙げられるであろう。日本の英語教育では文法と音声が截然と切り分けられるものであるかのように指導されることがあるが，実は音声的知識は文法の一部である。このことは，例えば内容語（名詞・動詞・形容詞など）と機能語（前置詞・助動詞・接続詞など）という文法的な区別が発音に反映されている事実などから明らかである。適切な音声モデルに従って音読し，リズムやイントネーションをはじめとする英語の音声上の特徴を体得することによって，発音やリスニング力のみならず，文法力の向上も期待できると考えられるのである。

本書は，大学英語教育学会（JACET）関西支部学習英文法研究会の研究報告として企画された。1986年に設立された本研究会は，英語学や言語学の研究から得られた知見や洞察を，文法教育にどのように応用するのかについて探究することを目標としている。その研究会の前代表（吉田），現副代表（西脇），現代表（前川）が本書の編集を担当した。前代表の時代に企画が始まり，今般出版の運びとなったことはまことに喜ばしいことである。

本書の出版に至る過程において，その契機となったJACET関西支部学習英文法研究会の現在および過去の関係諸氏，ならびにJACET本部・関西支部の関係各位に対して，この場を借りてお礼を申し上げます。また，本書の出版を快く引き受けていただ

き，編集の労をとっていただいた開拓社出版部の川田賢氏に心より感謝を申し上げます。

前川 貴史

キーワードと要旨

各章のキーワードと要旨は次のとおりである：

第 1 章
キーワード：自動詞，他動詞，自他交替，消失目的語交替，使役交替

同じ動詞が自動詞と他動詞で使われる場合，「(... を) 〜する」という意味の全部を表すと他動詞，( ) 内を表さないと自動詞となる「消失目的語交替」，「(... を) 〜になる（ようにする）」という意味の全部を表すと他動詞，( ) 内を表さないと自動詞になる「使役交替」の 2 種類あることを確認する。

第 2 章
キーワード：名詞構文，主語所有格，目的語所有格，中立性の制約

英語では頻繁に用いられるが，日本語では用いられることの少ない「名詞構文（名詞表現，名詞化）」について考える。英語にはあるが日本語にはない表現は学習者が躓きやすい個所であり，とりわけ主語所有格と目的語所有格をどう区別すべきかについて考察する。

第 3 章
キーワード：過去分詞，形容詞的受身，状態，活動動詞

英語力を身につけるには，多くの構文や言い回しなどを覚えるべきではあるが，同時に，ひとつの形式が持つ様々な意味・用法を学ぶことも重要である．本章は，形容詞的に使われる過去分詞の，様々な意味・用法を概観する．ひとつの形式が持つ表現の幅を把握することにより，表現力や理解力の向上に役立つものと思われる．

第4章
キーワード：焦点，とりたて，転送可能性規約，否定，特定性

英語の副詞は複雑な解釈の仕組みを持つというだけでなく，用法と位置などに関しても学習者の理解を困難にさせる振る舞いが散見される．本章では副詞を正しく利用するために，焦点，位置，否定，特定性という概念を中心に副詞の振る舞いを確認していく．特に，焦点という概念が副詞の解釈と強く結びついていることを示す．

第5章
キーワード：削除現象，重名詞句転移，形態的同一性，構造的同一性，意味的同一性，復元可能性

削除構文の動詞句削除，空所化，擬似空所化に焦点を当て，削除構文の背後にはどのような文法が潜んでいるのかを考察する．教室では，削除は「重複部分を省略する」と教えるが，それで十分だろうか．本章で扱う分析には，学校文法ではあまり使われない抽象的な概念が含まれるが，これらの理解がより良い英語教育には必要であることを示す．

第 6 章
キーワード：使用頻度，語と語の相性，語とパターンの相性，レマ化の危険性，例文提示

　使用頻度の観点から，表現力を向上させるための視点と自然な言語産出を行うための視点を提供する。because と共起しやすい語やパターンを示したり，人称代名詞の所有格形を one's とまとめて表記することの危険性を論じたりすることを通して，because や one's を使用した表現を学習者に提示する際に教授者が留意すべき点について論じる。

第 7 章
キーワード：音読，発音，強勢，リズム，リスニング

　声を出して読み上げる音読という行為が，英語のみならず言語の学習にとって必要不可欠であることは，英語教師であれ研究者であれ，誰もが認めるところであるが，そもそもなぜ音読は重要なのだろうか。本章では，昔ながらの音読にどのような効果・効用があり，どのようにすれば効果的な音読ができるのかその「作法」を考える。

目　　次

はしがき　　*v*
キーワードと要旨　　*ix*

第1章　自動詞と他動詞
　　　──両方に用いられる動詞をどう教えるか──
　　　………………………………………………… 出水孝典　　*1*

1. はじめに　　*2*
2. 自動詞と他動詞の意味的対応関係　　*3*
   2.1. drive 型の自他交替（消失目的語交替）　　*4*
      2.1.1. 不定の消失目的語　　*4*
      2.1.2. 文脈・状況から読み込まれる消失目的語　　*7*
      2.1.3. 不定なのか文脈なのか　　*10*
   2.2. open 型の自他交替（使役交替）　　*12*
3. おわりに　　*17*

   コラム　動詞の意味分類と自他交替パターン　　*18*

第2章　名詞構文
　　　──主語所有格と目的語所有格──
　　　………………………………………………… 山本　修　　*21*

1. はじめに　　*22*
2. 「直訳」と「還元訳」　　*23*
3. 主語所有格と目的語所有格　　*25*
4. 中立性の制約　　*29*
5. その他の例　　*31*

6. まとめ　*36*
コラム　正反対の意味を持つ動詞派生名詞 defeat　*37*

第3章　過去分詞の形容詞的用法
……………………………………… 前川貴史　*39*

1. はじめに　*40*
2. 動詞的受身と形容詞的受身　*42*
3. 形容詞的受身と結果状態　*46*
4. 2種類の結果状態　*50*
5. 状態動詞と形容詞的受身　*53*
6. 活動動詞と形容詞的受身　*55*
7. 形容詞的受身の整理　*57*
8. おわりに　*60*
コラム　「分詞形容詞」　*61*

第4章　英語副詞を理解する手がかり
　　　　──4つの概念を中心に──
……………………………………… 吉田幸治　*63*

1. はじめに　*64*
2. 焦点と副詞　*64*
    2.1.　英語の焦点副詞と日本語のとりたて助詞　*64*
    2.2.　only と even　*66*
    2.3.　even の生起位置に関して　*68*
3. 副詞と位置　*70*
4. 副詞と否定　*72*
5. 副詞と特定性　*75*
6. まとめ　*78*
コラム　焦点に関して　*79*

第5章　見えない部分を生み出す文法
——動詞句削除・空所化・擬似空所化を中心に——
.... 平井大輔　*81*

1. はじめに　*82*
2. さまざまな削除現象　*83*
3. 諸現象の分析　*85*
   - 3.1. 動詞句削除 (VP-Deletion: VP-D)　*85*
   - 3.2. 空所化 (Gapping: GP)　*90*
   - 3.3. 擬似空所化 (Pseudo-gapping: P-GP)　*93*
4. 削除における意味の同一性　*98*
5. その他の削除に関わる条件　*102*
6. まとめ　*103*

[コラム]　「削除」が「違反」を帳消しにする？　*104*

第6章　使用頻度から見た英語表現
——接続詞 because と人称代名詞の所有格形 one's を例に——
.... 西脇幸太　*107*

1. はじめに　*108*
2. 語と語/語とパターンの相性：because を例に　*108*
   - 2.1. 〈not because ... but because ～〉　*109*
   - 2.2. 〈副詞 + because〉　*110*
   - 2.3. 2節のまとめ　*114*
3. レマ化の危険性：one's を用いた表現を例に　*114*
   - 3.1. 〈To one's + 感情を表す名詞〉　*115*
   - 3.2. 〈To (the best of) one's knowledge〉　*122*
   - 3.3. 3節のまとめ　*125*
4. まとめ　*126*

[コラム]　コーパス使用の出発点　*126*

第7章　音読の作法
　　　――音読を活用して発音やリスニング力の上達を目指す――
　　　................................. 里井久輝・杉浦香織　*129*

1. 音読の効果・効能　*130*
2. 音読と発音記号　*131*
　2.1.　発音記号の重要性　*131*
　2.2.　従来の発音記号と IPA (International Phonetic Alphabet)
　　　　　　　　　　　　　　　　　　　　　　　　　　　132
　2.3.　音読の発音モデルについて　*133*
3. 音読と発音改善：音読により発音の向上を図るための2条件
　　　　　　　　　　　　　　　　　　　　　　　　　　　135
　3.1.　音声インプットと音読による反復　*136*
　3.2.　英語の音の仕組みやルール　*137*
4. 音読の作法　*138*
　4.1.　音読の作法（1）：アクセント・強勢（ストレス）　*138*
　　4.1.1.　強勢の置き方　*138*
　　4.1.2.　内容語と機能語　*139*
　　4.1.3.　機能語の強形と弱形　*140*
　4.2.　音読の作法（2）：語レベル　*141*
　　4.2.1.　母音　*142*
　　4.2.2.　子音　*142*
　4.3.　音読の作法（3）：句レベル　*144*
　　4.3.1.　音読の区切り　*144*
　　4.3.2.　強勢：句の中の内容語と末尾焦点　*145*
　4.4.　音読の作法（4）：文レベル　*146*
　　4.4.1.　リズムを意識した音読　*146*
　　4.4.2.　英語のリズムと母音の弱化　*147*
　　4.4.3.　英語音声の特徴 - 音声変化　*148*
　　4.4.4.　イントネーション　*150*
5. おわりに　*151*
　コラム　「ホロフェイム」ってなに？　――音の錯覚の不思議――
　　　　　　　　　　　　　　　　　　　　　　　　　　　152

あとがき ……………………………………… *155*

参考文献 ……………………………………… *159*

索　引 ………………………………………… *169*

第 1 章

自動詞と他動詞
―両方に用いられる動詞をどう教えるか―

出水 孝典

＊ 本章の内容について，同僚の前田宏太郎氏に筆者の誤解を指摘するコメントを頂き，根本的な内容の修正を行った。記して感謝します。

1. はじめに

周知の通り，英語の動詞には目的語を伴わない自動詞と，目的語を伴う他動詞がある。

(1) 主語と動詞だけで文の意味が成り立つ場合，その動詞を「自動詞」という。[…] 主語と動詞と目的語がそろって文の意味が成り立つ場合，その動詞を「他動詞」という。

(中邑ほか（編）(2022: 47))

一部の動詞は，以下で説明されているように，自動詞と他動詞の両方の用法をもち，自動詞は他動詞の目的語を省略したものという対応関係になっている。

(2) 多くの動詞は自動詞としても他動詞としても使われる。その中には，他動詞の自明の目的語が省略されて自動詞としても使われるものがある。
● She can drive.（彼女は（車を）運転できる。）
● She can drive a bus.（彼女はバスを運転できる。）

(中邑ほか（編）(2022: 47))

他方，自動詞の主語が状態変化するものを表し，それを目的語にした他動詞が，その状態変化を別の何かが引き起こすという言い方になる場合もある。

(3) 自動詞として使われる場合の主語と，他動詞として使わ

れる場合の目的語が同じになるものもある。

● The door opened.（そのドアが開いた。）
● She opened the door.（彼女はそのドアを開けた。）

(中邑ほか（編）(2022: 48))

このように同じ動詞が自動詞と他動詞の両方で用いられる現象は一般に「自他交替」と呼ばれる。ただし，(2) と (3) には大きな違いが見られる。(2) のようなものは他動詞の目的語省略，つまり「消失目的語」が生じることによる自他交替であり，以下では「消失目的語交替」と呼ぶことにする。一方，(3) のようなものは，他動詞が自動詞の状態変化を使役的に引き起こすという意味関係になっているため，「使役交替」と言語学では一般に呼ばれている。これらの「消失目的語交替」と「使役交替」は，まったく異なる仕組みによる言語現象である。以下ではこれら2種類の「自他交替」に関するこれまでの知見の一部を提示しながら詳しく見ていきたい。

2. 自動詞と他動詞の意味的対応関係

では，(2)(3) それぞれのパターンについて，検討していこう。まず「消失目的語交替」である (2) の drive 型の自他交替を見た上で，続けて「使役交替」と呼ばれる (3) の open 型の自他交替を考える。

2.1. drive 型の自他交替（消失目的語交替）

（2）の動詞 drive のように，他動詞の目的語が省略され自動詞として使われる現象では，省略される目的語が「消失目的語」(missing object) と呼ばれてきた。この種の現象は，実際には一様ではなく，省略される消失目的語がどのようなものなのかによって，以下に示すように2通りにわけられる。

2.1.1. 不定の消失目的語

まず（2）の例を考えてみよう。この場合「drive するものと言えばふつうは a car である」といった知識に基づき，典型的な対象を表す目的語が省略されている。これは Allerton (1975: 214) で「不定削除」(indefinite deletion)，Fillmore (1986: 96, 2020: 136) で「不定空補部」(indefinite null complements, INC) と呼ばれているものに相当する。この場合，目的語が表すものは動詞から容易に想定でき，当たり前すぎるためにわざわざ表現されていないのだと考えられる。

また，Allerton (1975: 214) にあるように，What's John doing?（ジョンは何をしているの。）という質問に対して誰かが He's reading.（彼は何か読んでいるよ。）と答えるような場合，ジョンが何を読んでいるのか特に重要ではなく，読むという行為をしていることだけ聞き手に伝えたいのだと考えられる。[1]

---

[1] ただし Rice (1988: 204) にあるように，この場合もふつうは新聞や特定の小説などではなく a book だと想定されるだろう。

以上をまとめると，目的語の表す対象が「わざわざ関心を向けるようなものではなく」(a matter of indifference) (Fillmore (1986: 96, 2020: 136))，「聞き手がそれに関心をもつとは思われない」(it is not expected that the listener should concern himself with it) (Allerton (1975: 214)) 場合に，目的語が消失しているのだと言える。このような場合，目的語が何であるのかを表す先行文脈は不要で，いきなり She can drive./He's reading. と言っても文脈上不適切になることはない。

　この種の不定の消失目的語のうち，典型的な対象を表す目的語が省略される場合に関して，Rice (1988) はさまざまな動詞を取り上げ詳細な言語事実を提示している。(2) の動詞 drive に関しては，以下のような例が挙げられている。

(4) When he goes to Boston, John drives (a car/*a Toyota/ *a motorcycle/*A VEHICLE).　　　(Rice (1988: 204))

(4) のように動詞 drive を自動詞で使うと，a car のように典型的な目的語が省略されているものとして解釈されるということだ。a Toyota（トヨタ車）のように特定の車種，a motorcycle（バイク）のように車以外のもの，a vehicle（乗り物，車両）のようにさまざまなものを含む上位概念を表したい場合，このような自動詞用法で使うことはできず，目的語をきちんと示した他動詞として使う必要がある。同様の実例を挙げておこう。

(5) We had to go off to our grandparents' house for our

annual Christmas dinner. As we drove down the highway through town, I noticed that the family was still there, standing outside the closed gas station.

(2022年 宮崎大学・前期)

(毎年恒例のクリスマスディナーのために祖父母の家へ行かなければならなかった。町を貫く幹線道路を走っていたとき，私はその家族がまだそこの閉まったガソリンスタンドの外に立っているのに気づいた。)

この例では，車を運転して祖父母の家へと移動したことが描かれている。家族が移動する際に乗るのは，通例トラックでもバイクでもなく車 (a car) であり，それが (4) と同じように省略されているのだ。続けて (6) のように目的語がわざわざ表現された (消失していない) 他動詞の例を見てみよう。

(6) a. I myself planted more than a hundred pomegranate trees. I drove a tractor, too, and so did my uncle.

(2004年 上智大学)

(私自身は100本以上ザクロの木を植えた。私はトラクターも運転したし，叔父もそうだった。)

b. One day I was in the cafeteria talking with a classmate about my hometown. Suddenly a student who was sitting next to us interrupted and said, "Did you say you come from Rosemont? Do you know an old man named Peal there? He drove an old blue

truck." 　　　　　　　（2006 年　大学入試センター試験）
(ある日，私はカフェテリアでクラスメイトと自分の故郷の話をしていた。突然，隣に座っていた学生が口を挟み，「君はローズモント出身だって言ったよね？ ピールという名前の老人を知っているか？ 彼は古い青のトラックを<u>運転していたよ</u>」)

(6a) では運転しているのがトラクターという特殊車両なので，これを目的語として表して他動詞で使う必要がある。一方，(6b) の場合，ピールという老人がどんな人物なのかを説明するために (つまり，ピールがいつも古い青のトラックを運転していた人物であると特徴付けるために)，運転していた車両を明示的に情報として伝える必要があるので，動詞 drive は他動詞用法になっている。

2.1.2. 文脈・状況から読み込まれる消失目的語

一方，(2) (4) (5) のように典型的な目的語が省略されて自動詞として使われている例とは異なり，目的語によって表される内容が，先行文脈で言及されていたり，その場の状況に関することであったりする場合に，言及不要だと判断され自動詞で使われている例もある。これは，Allerton (1975: 214) で「文脈削除」(contextual deletion)，Fillmore (1986: 96, 2020: 136) で「定空補部」(definite null complements, DNC) と呼ばれているものだ。この場合，目的語が表すものは文脈やその場の状況から容

易に想定できるためにわざわざ表現されていないので，Allerton (1975: 214-215) にあるように What's John doing?（ジョンは何をしているの。）という質問に対して誰かが He's watching.（彼は見ているよ。）と答える場合，文脈や状況から目的語を再構築（reconstruct），あるいは「復元」（recover）する必要があり，それができなければ何を言っているのかわからない不適切な文となる。

　次の例では，バック夫妻がホタルを観察した様子が描写されている。

(7) In an informal but revealing experiment, they captured scores of fireflies along the tidal rivers near Bangkok and released them in their darkened hotel room. The insects flitted about nervously, then gradually settled down all over the walls and ceiling, always spacing themselves at least 10 centimeters apart. At first they twinkled incoherently. As the Bucks watched in silent wonderment, pairs and then trios began to pulse in unison. 　　　　　　　　　　　　　(2022年　慶應義塾大学)
（非公式ではあるが多くのことが明らかになったある実験において，彼らは多数のホタルをバンコク付近の感潮河川沿いでつかまえ，照明を消したホテルの部屋に放した。ホタルは不安げにひらひらと飛び回ったのち，次第に壁や天井の表面全体にとまったが，互いに少なくとも10センチの間隔をあけていた。初めは

ばらばらに光っていた。バック夫妻が驚きで声もなく<u>見ている</u>と，2匹，3匹と同時に点滅し始めた。）

この場合，想定される目的語を復元すれば watch the fireflies [the insects] となるが，観察しているのがホタルであることは，それまでの文脈からわかるので，いちいち明示せずに自動詞用法で使われていると説明できる。

　小説などでは以下のように，ある場面の状況を見守っている様子を watch の自動詞用法によって描写しているものが見られる。

(8) He certainly knew just how long it stayed lit. "One, two, three," he said, his hand went down, and the light went off. Then with both hands, like the Creator, he seemed to ask for light, and the light came. I <u>watched</u>, thrilled.

　　　　　(Arturo Vivante, "The Lighthouse"；2005 年　東京大学)
（彼は間違いなく灯台が点灯する時間を正確に知っていた。「1，2，3」と言って手を下ろすと灯りは消えた。それから，両手で創造主のように光を求めるように見えた。すると灯りが点いた。私はわくわくしながら<u>見ていた。</u>）

これは灯台守と少年である「私」の交流を描いた小説の一節だが，灯台守が灯台の点灯時間を正確に理解していることを示している様子を，「私」はただじっと見てわくわくしているのである。もし目的語を補うとすれば，watched the situation や watched what was happening (in front of me) のようになるのかもしれないが,見ているのがその場の状況であることは文脈から自明であるので,それを述べることは冗長である。

2.1.3. 不定なのか文脈なのか

消失目的語は会話でもしばしば見られる。以下は,ロンドンに到着した留学生アキラが,自分の留学先の学校にたどり着けずに現地の人に道を訊ねている会話を扱った入試問題の一部である。2回出てくる動詞 study がいずれも自動詞であることに注目してほしい。

(9) **Akira:** I'm sorry. I am new to London. I arrived in London yesterday and will be studying at the London School of Economics. I'm afraid I don't know very much about where important places are located or how to get to those places.

Mr. Smythe: I understand. I once studied in Paris and didn't know my way around that city for weeks. (2019年 神戸学院大学)

(アキラ:すみません。僕はロンドンが初めてで,昨日ロンドンに着いてロンドン・スクール・オブ・エコノミクスで勉強することになっているんです。重要な場所がどこにあって,どう行けばいいのか,残念ながらあまりわからないのです。

スマイス氏:なるほど。私も以前パリに留学していて,何週間

も町の色々なところに行く道が分かりませんでした。)

この例では、何を勉強するかはそれほど重要ではなく、どこでの勉強や留学なのかが問題となっているため、何を勉強するのかを表す目的語が省略され、自動詞で用いられていると考えることができる。そのように考えた場合、目的語の表す対象が「わざわざ関心を向けるようなものではない」と考えられるので、「不定削除」「不定空補部」に相当するだろう。

ただし、一つ目の例に関しては、別の解釈もできる。「ロンドン・スクール・オブ・エコノミクスで勉強する」内容と言えば、ふつうは経済学に関することなので、状況から学習内容が自明であるため省略されている、つまり「文脈削除」「定空補部」とも考えられるのではないかということだ。このように消失目的語の下位区分のいずれに相当するのかについては、微妙となってくる場合もあるので、これらの下位区分を何が何でも区別させるような指導をする必要はない。学習者には目的語が消失して自動詞となっていることを理解させればよいだろう。

さて、以上で見てきたこの種の動詞の場合に、自動詞と他動詞の意味がどのような対応関係があるのかについてまとめてみよう。動詞の表す「(... を)〜する」という意味のうち、全部を表すと他動詞、(　)内を表さないと自動詞となる。取り上げた動詞についてこれを示すと、以下の表のようになる。

表1：drive 型の自他交替（消失目的語交替）

動詞	動詞全体の意味	他動詞	自動詞
drive	（…を）運転する	…を運転する	（車を）運転する
watch	（…を）見ている	…を見ている	目の前にある何かを見ている
study	（…を）学習・研究する	…を学習・研究する	何かを学習・研究する

これらの動詞を教える場合，このように自動詞と他動詞で，主語は何かをする人で，何をするのか明示すれば他動詞，自明であるため省略すれば自動詞になるという意味関係があることを理解させるのが重要である。同様の自動詞と他動詞の対応関係をもつ動詞として，中邑ほか（編）(2022: 47) は drink（(自)（酒を）飲む/(他)〜を飲む），eat（(自) 食事をする/(他)〜を食べる），sing（(自) 歌う/(他)〜を歌う）を挙げているが，いずれも何かをするという行為を表す動詞であることが分かるだろう。[2]

2.2. open 型の自他交替（使役交替）

(3) の動詞 open のように，自動詞が何かに生じた状態変化を

---

[2] この種の目的語の位置付けに関しては，出水 (2023: 131-169) で詳述している。初期の生成文法では，他動詞用法の eat/drink something から，削除変形によって something を削除したものが自動詞用法だという過度に単純化した分析も行われていたが，eat だと食事，drink だと飲酒という典型的対象の場合にのみ自動詞用法が可能である以上，不備があると言える。drink の自動詞用法が使用場面も含めた微妙な問題を含んでいることに関しては，西脇 (2020) でわかりやすく説明されている。

表し，他動詞になるとその状態変化を主語によって表されるものが引き起こしたという意味を表す場合，Alexiadou et al. (2015: 2) にもあるように「使役交替」(causative alternation) と呼ばれる。なお，他動詞は「使役形」(causative variant)，自動詞は「反使役形」(anticausative variant) という名前が付けられている。

(10) a. Mary opened the door.　　*causative variant*
　　　　（メアリがドアを開けた。）
　　 b. The door opened.　　*anticausative variant*
　　　　（ドアが開いた。）

(Alexiadou et al. (2015: 2))

この場合，破線下線を引いた the door が自動詞・他動詞どちらの場合でも，状態変化するものを表わし，他動詞の場合にはそれを引き起こす「使役主」(causer) であるメアリが主語として付け加えられている。

前節で見た drive 型の場合，自動詞と他動詞で主語が共通し，目的語が省略されなければ他動詞，省略されると自動詞になるのだった。だが，この open 型の場合，自動詞の主語と他動詞の目的語が同じで状態変化するものを表し，それを何か別のものが引き起こすという言い方をする場合に，状態変化するものが目的語，引き起こすものが主語となっているのが他動詞なのだ。

open 型の動詞のうち，比較的よく見かける動詞 change について，以下では取り上げてみたい。動詞 change は自動詞で「変化する」，他動詞で「変化させる」という意味を表すが，変化を

引き起こすものを表現せずに、いわば自然に起こるという描き方をする場合に自動詞、何かによって変化が引き起こされるという描写にしたい場合に他動詞となる。まず、自動詞の例を見ていこう。

(11) a. Many students say that, because of social media, their lives have changed in a number of positive ways.[3]　　　　　　　　　　（2023年　大阪経済大学）

(多くの学生が言うのは、ソーシャルメディアのために、自分たちの生活がいくつもの点でプラスに変化したということだ。)

b. The existence of this data is great news if you're a scientist who wants to know how the temperature of the ocean has changed over time.

（2021年　立命館大学）

(このデータが存在することは、海洋温度は時を経てどのように変化したかを知りたいと思う科学者にとっては、素晴らしい知らせだ。)

(11a)の場合、ソーシャルメディアによって生活様式が自然に変

---

[3] もちろん、(13a) を social media has changed their lives（ソーシャルメディアが自分たちの生活を変化させた。）と表現することもできるが、この場合、後の他動詞用法に相当し、ソーシャルメディアの登場が、生活様式の変化を引き起こしたという描き方に変わる。いずれの形式を選択するのかは、筆者がどのような物事の捉え方をし、どのように記述することを選択するのかによって決まる。

化したという記述の仕方をしている。(11b) でも，海洋温度が何かによって変化させられたのではなく，自然に変化したような描き方がされている。このような場合に自動詞が使われるのだ。

次に，他動詞の用例を見ていこう。

(12) a. The mass-produced automobile has changed the map of America completely.　(2017年　大阪学院大学)
(大量生産された自動車は，アメリカの地図をすっかり変化させた。)

b. Yetish says that studying sleep in small-scale societies has "completely" changed his own perspective.

(2023年　東京医科歯科大学・前期)

(イエティッシュは，小規模社会での睡眠を研究することが，彼自身の見方を「完全に」変化させたと言う。)

(12a) では「大量生産された自動車」という主語によって表されている「自動車の大量生産」という出来事が，アメリカの道路網の整備を加速させ，それによって地図に描かれている内容を変化させたことが表されている。(12b) は動名詞の主語「小規模社会での睡眠を研究すること」(studying sleep in small-scale societies) によって表される出来事が，自分の物の見方を変化させたことをイエティッシュという学者が述べている。いずれも変化が自然に起こったのではなく，別の出来事によって引き起こされたという描き方がされているのが分かるだろう。

このような場合，他動詞の主語が無生物主語になっているの

で，(12a) を「自動車の大量生産によってアメリカの地図は一変した」，(12b) を「... 研究することで，自分自身の見方が「完全に」変わった」のように副詞と自動詞を用いた日本語に訳すことも可能だが，この種の動詞を教える場合，英語の他動詞ではあくまでも，自然に変化が生じたのではなく，別の出来事によって引き起こされたという描き方がされているという英語ならではの発想を理解させることが重要だ。それによって英作文などでもこの種の表現を用いることができるようになるだろう。

この種の動詞の場合，自動詞と他動詞の意味的対応関係は，表1で見た drive 型の動詞とは異なるが，同じように（　）を使って自動詞と他動詞の関係を示すことはできる。この場合は，動詞の表す「(...を) ～になる（ようにする）」という意味のうち，全部を表すと他動詞，（　）内を表さないと自動詞になるのだ。動詞 open と change についてこれを示すと，以下の表のようになる。

表2：open 型の自他交替（使役交替）

動詞	動詞全体の意味	他動詞	自動詞
open	(...を) 開いた状態になる（ようにする）	...を開ける，ひらく	開(あ)く，ひらく
change	(...を) 変化した状態になる（ようにする）	...を変化させる，変える	変化する，変わる

同様の自動詞と他動詞の対応関係をもつ動詞として，中邑ほか（編）(2022: 48) は begin ((自) 始まる/(他) ～を始める)，bend

((自)曲がる/(他)〜を曲げる),break((自)壊れる/(他)〜を壊す),close((自)閉まる/(他)〜を閉める),decrease((自)減る/(他)〜を減らす),drop((自)落ちる/(他)〜を落とす),increase((自)増える/(他)〜を増やす),finish((自)終わる/(他)〜を終える)を挙げているが,いずれも状態変化を表す動詞であることを確認してほしい。[4]

3. おわりに

　ここでは,英語で自動詞と他動詞の両方に用いられる動詞に関して,drive型とopen型の2種類にわけ,自動詞と他動詞の意味関係を整理してきた。中邑ほか(編)(2022: 47-48)などで若干の言及はされているものの,「消失目的語交替」によって自動詞となる行為動詞と,何かによって引き起こされた描写をすると他動詞となる状態変化動詞の「使役交替」という,自他交替のパターンに2種類あるという言語現象は,英語教育の現場ではあまり触れられてこなかったように思われる。しかしながら,英語の動詞の用法をよく理解し,正確な英文読解をしていく上で,学習者に提示する知識の候補としてよいものだと考えたので,この小稿を執筆した。英語を教える現場に何らかの貢献ができれば幸いである。

---

[4] この種の自他交替に関するもう少し専門的な説明に関しては,出水(2018: 157-198, 2023: 176-192)を参照されたい。

> コラム

動詞の意味分類と自他交替パターン

　本文では自動詞と他動詞が意味的な対応関係をもつ場合,「消失目的語交替」と「使役交替」の2種類があることを見てきた。ではそもそも,「消失目的語交替」の対応関係をもつ動詞と,「使役交替」の対応関係をもつ動詞,それぞれの場合の意味的特徴などが言語学（特に動詞の語彙意味論など）でどのように扱われているのか,と疑問をもった方もいるだろう。

　ここで「消失目的語交替」のパターンを示す drive, watch, study にどういう意味的特徴があるのかを思い出してみよう。いずれも「(...を) 〜する」という意味を表わすのだった。実はこれらの動詞は,出来事を表す動詞のうち,物事を「どのようにする」のかという「様態」を表わすので,「様態動詞」と呼ばれる動詞分類になる。

　一方,「使役交替」のパターンを示す open, change の場合,「(...を) 〜になる (ようにする)」という意味が共通していたが,これは動詞の表す出来事の結果,対象が「どうなる」のかという「結果状態」を表すので,「結果動詞」と呼ばれる。

　語彙意味論には,Levin と Rappaport Hovav という非常に影響力をもつ研究者が唱えた「様態・結果の相補性」という仮説がある。これは,一つの動詞は「様態」か「結果状態」のいずれか一方しか表せず,両方を表す「様態・結果動詞」は存在しないという,非常に強い制約を動詞の意味に課すことになる仮説である。この仮説が正しいのか否かをめぐっては,未だに語彙意味論研究で議論されている問題である。これが今後どうなっていくの

かはわからないが，出来事を表す動詞の意味を大きく捉えた場合に，「どのようにする」「どうなる」という二つに大別できるという知見は，英語の動詞の意味を理解していく上で，一つの興味深い切り口であると言えるのではないか。

第 2 章

名詞構文
―主語所有格と目的語所有格―

山本　修

1. はじめに

(1a) の文に対応する (1b) のような名詞句は,名詞構文(江川(1991: 30-36),綿貫ほか (2000: 120-122)),名詞表現(綿貫ほか (2000: 120-122)),名詞化 (nominalization) (Quirk et al. (1985: 1288-1290)) などと呼ばれる。[1]

(1) a. He *refuses* to help.
    b. his *refusal* to help   (Quirk et al. (1985: 1288))

江川 (1991: 30) は,(1b) のような名詞構文について「日本語と比較した場合の英語の表現の特色の一つ」であると言う。つまり,名詞構文は英語では頻繁に用いられるが,対応する表現は日本語ではあまり使われない,ということである。冠詞や比較級などのように,英語には存在するが日本語には存在しない,あるいはあまり使われない表現は,学習者がつまずきやすい箇所である。にもかかわらず,江川 (1991: 31) は「日本の学習英文法では名詞構文の扱いが不十分である」と言っている。

---

[1] 名詞構文(名詞表現,名詞化)には,(1a) のように動詞から転換した名詞を含む場合だけではなく,Her statement is true から the truth of her statement のように形容詞から転換した名詞を含む場合もあるが,ここでは動詞から転換した名詞のみを扱う。(1a) から (1b) へ書き換えることを綿貫ほか (2000) は「名詞化変形」,Quirk et al. (1985) は「名詞化 (nominalization)」と呼ぶ。Quirk et al. (1985) は,(1a) から (1b) に書き換えることも,書き換えた結果の (1b) も「名詞化」と呼ぶが,前者は不可算名詞,後者は可算名詞なので区別することができる。

この稿の目的は，名詞構文とはどのような構文であるのか，その理解を深めることによって，名詞構文の指導において，なにに注意すべきかを考えることにある。

2. 「直訳」と「還元訳」

江川 (1991: 36) によれば「名詞構文の名詞はその周辺の語句を含めて，実質的には一つの文に相当」する。たとえば，(1b) の his は (1a) の文の主語 he に相当するし，(2) の of your name は名詞 omission のもとになる動詞，すなわち基底動詞 (base verb) である omit の目的語に相当する。このように，refusal や omission は名詞でありながら，主語や目的語に相当する要素を持つという点で「一つの文に相当する」と言うことができる。[2] そのため，(2) の名詞表現は (2a) 下線部のように「直訳」するのではなく，(2b) のように「還元訳」すべきだと説く。

(2) **The omission** *of your name from the list was* an oversight.
   a. <u>リストからのあなたの名前の省略</u>は見落としでした。
   b. <u>リストからあなたの名前を抜かしたのは</u>見落としでした。
   (江川 (1991: 35))

---

[2] 名詞表現と基底文とが類似していることは Chomsky (1981: 104) でも指摘されている。

「還元訳」とは，(2) の名詞表現が文に対応するということを意識しつつ訳すことだと言えるだろう。

名詞構文が文に相当するという指摘や，(2b) の「還元訳」などから，なぜ日本語で名詞構文があまり用いられないかが推測できる。おそらく，日本語には形式名詞「こと」や準体助詞の「の」が存在するからわざわざ名詞構文を使う必要がないのだろう。たとえば「敵が街を破壊した」という節は (3) のように「こと」をつけるだけで名詞句となる（下線部は要素が省略されていることを示す）。

(3) a. 敵が街を破壊したこと
  b. 敵が＿＿＿破壊したこと
  c. ＿＿＿街を破壊したこと
  d. ＿＿＿ ＿＿＿破壊したこと

しかし，英語では (4) の文を，接続詞 that を用いて，(4a) のように (3a) に対応する句を作ることはできるが，(3b-d) に対応する句を作ることはできない。

(4) The enemy destroyed the city.
  a. that the enemy destroyed the city
  b. *that the enemy destroyed ＿＿＿
  c. *that ＿＿＿ destroyed the city
  d. *that ＿＿＿ destroyed ＿＿＿

そこで，英語では，動詞 destroy を名詞 destruction に転換し，

名詞化で (3a-d) に対応する表現を作る。

(5) a. the enemy's destruction of the city
    b. *the enemy's destruction
    c. the destruction of the city
    d. the destruction

英語では，動詞を名詞に転換し，主語を所有格の名詞句に変え，目的語には前置詞 of をつけるという複雑な操作をしなければ名詞句を作れないが，日本語では，こうした複雑な操作をする必要はなく，文に「こと」もしくは「の」をつけるだけで名詞句を作れる。さらに英語の名詞化では時制や相が表されていない，つまり「破壊したこと」なのか「破壊すること」なのかが明らかではないが，日本語ではつねに明らかにすることができる。

3. 主語所有格と目的語所有格

(5a-d) の各例で注目すべき点は，(5b) が容認されないことである。このことについて述べる前に，もう一つ言及しておかなければならないことがある。それは，受動文からも名詞構文を作ることができる，ということである。[3]

(6) a. The play *was received* in a hostile manner by the

---

[3] Taylor (1994) は，動詞派生名詞 (deverbal noun) が能動と受動で多義であると考えてはならないと主張する。

b. the play's hostile *reception* by the critics

(Quirk et al. (1985: 1289))

さきほどの The enemy destroyed the city に対応する受動文 The city was destroyed by the enemy の名詞構文は以下のようになる。

(7) a. the city's destruction by the enemy
  b. the city's destruction
  c. the destruction by the enemy
  d. the destruction

(5b) の *the enemy's destruction は容認されないが，(7b) の the city's destruction は容認される。つまり，destruction を主要部とする名詞構文において，前置詞句が後続しない場合，所有格名詞句は目的語名詞句としてしか解釈できず，主語名詞句としては解釈できない，ということである。[4] このことは，日本語の「Xの破壊」がふつうは「Xを破壊したこと」と解釈され，「Xが破壊したこと」とは解釈されないことから，直観的に納得できるであろう。

名詞構文では，前置詞が後続しない場合，基底文の目的語は所

---

[4] Taylor (1994: 202) は，destruction のように，前置詞が後続しない場合に主語所有格が認められない動詞派生名詞として invasion, dismissal, murder, assassination を挙げる。

有格で表せるが，主語は表せない，つまり，目的語所有格は認められるが，主語所有格は認められない，と一般化できるのであれば，問題は簡単である。しかし，問題はもっと複雑である。

(8) a. Herbie's love {of/for} Louise
　　b. *Louise's love by Herbie
　　c. Herbie's love　　　　　　　　　　　(Taylor (1994: 202))

(8) で示すように，主要部が動詞派生名詞 love である場合は，基底文の主語を表す所有格，すなわち主語所有格は容認されるが，目的語所有格は（前置詞句が後続しても）容認されない。基底動詞が love や fear, admire, know などのような心理動詞であるとき，名詞構文の所有格名詞句は，(8) や以下の (9) のように，主語所有格としてしか解釈できなくなる。

(9) John knows the facts.
　　a. John's knowledge of the facts
　　b. John's knowledge
　　c. *the facts' knowledge by John
　　d. *the facts' knowledge

ここまで示してきたとおり，名詞表現において，とりわけ前置詞句が後続しない場合，所有格名詞句が主語所有格であるのか目的語所有格であるのかを学習者は判断しなければならない。では，どのように判断すればよいのか。学習参考書では，(10) のように，「文脈から判断せよ」としか述べられていない。

(10) a. 同一の名詞句が，主語としても目的語としても用いられることがある．そのどちらの意味になるかは文脈によって決定される。 　　　　　　　　　　（安藤 (2005: 419)）

b. 他動詞から出た名詞 (loss〈失うこと〉, love〈愛すること〉, praise〈賞賛すること〉, etc.) とともに用いられる所有格の代名詞には，主語所有格と目的語所有格の二つの意味があって，あいまいになることがある。例えば，the mother's education は，「母親が（子供を）教育すること」（主語所有格）のことも，「母親を（だれかが）教育すること」（目的語所有格）のこともある。どちらの意味で用いられているかという決定は，文脈から判断するしかない。 　　　　　（安井 (1996: 86-87)）

すでに述べたとおり，日本語の「X の破壊」は「X が破壊する [した] こと」ではなく「X を破壊する [した] こと」と解釈することが自然であるので，学習の場では，X's destruction も日本語と同様に「X を破壊する [した] こと」（あるいは「X が破壊された [される] こと」）と解釈するのが自然である，と指導すれば十分かもしれない。また「Herbie の愛」という日本語の名詞句は「Herbie が愛すること」と解釈するのが自然であり「Herbie を愛すること」とは解釈するのは難しい（後者の解釈は「Herbie への愛」で得られる）。このように，英語学習の場では，学習参考書で述べられているとおり，前置詞を後続しない名詞表現の解釈は文脈から判断せよ，と指導すれば事足りるかもしれない。

4. 中立性の制約

しかしながら，指導する側はもう少し深い知識を持っていてもよいように思われる。この名詞化（変形）という現象については，古くから注目され，名詞構文における所有格名詞句の解釈についても，さまざまな研究がなされてきた。[5] それらの研究の中で，「中立性の制約（Neutral Constraint）」と呼ばれる法則が提唱されている。[6]

(11) a. 基底動詞が描く動作，過程，状態から物理的あるいは精神的に変化を被らず，かつ，それらの動作や状態に意識的にかかわっていない事物を名詞構文の所有格名詞句で表すことはできない。

b. 基底動詞が他動詞であり，かつ名詞構文において前置詞句が後続しない場合，基底動詞が描く動作，過程，

---

[5] 名詞化の考察は Chomsky (1972) を契機とするものである。Taylor (1996: 150) は，名詞化という現象の研究史を振り返ることは Chomsky (1972) 以降の生成文法の歴史を概観することに等しいと言っても過言ではないと主張する。

[6] 「中立性の制約」は，Rozwadowska (1988) によって提唱された。この制約は Anderson (1978) が提唱する「影響性の制約（Affectedness Constraint）」と Rappaport (1983) が提唱する「経験者の制約（Experiencer Constraint）」を一つにしたものである。Taylor (1994) は，Rozwadowska の主張は基本的に正しいとしながらも，なぜこうした制約が存在するのかが解明されていないとして，「情報価値（informativity）」という概念を用いて，この「なぜ」に対する答えを導き出そうとした。なお，早瀬 (2002) は，Taylor (1994) の分析は不十分であるとして，別の分析を提唱する。

状態から物理的あるいは精神的に変化を被らない事物
を所有格名詞句で表すことはできない。

(11) では「変化」という概念が用いられているが，この「変化」は広く解釈する必要がある。ここで言う「変化」には the book's translation のような状態の変化や，the knife's concealment, the corruption's exposure のようなアクセスしやすさの変化なども含まれる。

　(11) の制約により，ここまで述べてきた，名詞構文における所有格名詞句の解釈はだいたい説明することができる。(5a) の the enemy は destroy という動作に意識的に関与する事物である。それゆえ，(11a) には違反しない。他方，(5b) は (11b) に違反する。The enemy は destroy に意識的に関与するが，変化は被らないからである。(8) の Herbie が Louise を愛するという状況において，Loiuse はなんらの変化も被らないし，Herbie はその状況に関与している。それゆえ，(8a, c) は問題ないが，(8b) は認められない。

　すでに述べたとおり，学校などでの英語の授業では，主語所有格になるか目的語所有格になるかの判断は直観に任せるか，(10) のように，文脈から判断せよ，と指導するだけで十分であろう。(11) の制約を教えて，複雑にしすぎても学習者は混乱するだけである。しかしながら，指導者は (10) は教えなくても知っておいてもいいだろう。

5. その他の例

　名詞構文における所有格名詞句の解釈については，すでに述べたとおり，(11) の「中立性の制約」でたいだいが説明できる。しかしながら，(11) ではうまく説明できない事例も存在する。

(12) a. The enemy's destruction will take many months to repair.
　　 b. The company's donation was valued at $1000.

(Taylor (1994: 216))

(12a) の the enemy's は破壊する側であり，destroy によって変化は被っていない。(12b) の the company も寄付することによって，なにか変化したわけではない。つまり，(12a) も (12b) もともに (11b) の制約に違反しているにもかかわらず，主語所有格として解釈可能である。

　なぜ (12a) は (11) に違反しているのに非文とならないのか。それは，(12a) の destruction と (5) の destruction の種類が異なるからである。Langacker (1991: 23-35) は，動詞から派生した名詞をいくつかに分ける。[7] 一つめは「エピソードの名詞化 (episodic nominalization)」というもので，エピソードの名詞化

---

[7] Quirk et al. (1985) は，文から名詞句に書き換えることを「名詞化」と呼び，動詞 refuse から名詞 refusal を派生させることは「転換 (conversion)」と呼び区別する。他方，Langacker (1991) や Taylor (1994) はどちらも「名詞化」と呼ぶ。

では，基底動詞が描く動作，過程，状態そのものを指す。ここまで挙げてきた例（destruction, love など）はすべてエピソードの名詞化の実例である。ほかには，His walk is peculiar の walk のような「スタイルの名詞化（style nominalization）」，His speech returned の speech のような「能力の名詞化（ability nominalzation）」などがある。(12a) の destruction は「結果の名詞化（result nominalization）」である。結果の名詞化は，基底動詞が描く動作の結果，存在するようになるものを指す。(12a) の the enemy's destruction は結果の名詞化なので，「敵が破壊したこと」ではなく「敵が破壊した結果できたもの（＝廃墟）」を指す。こうした場合であれば，主語所有格が認められることもある。

　もう一つ，(11) の「中立性の制約」ではうまく説明できないことがある。(10b) の記述である。(10b) には「the mother's education は，「母親が（子供を）教育すること」（主語所有格）のことも，「母親を（だれかが）教育すること」（目的語所有格）のこともある。どちらの意味で用いられているかという決定は，文脈から判断するしかない」とある。しかし，(11b) の制約が正しいのであれば, the mother's education は「母親を教育する［した］こと」としか解釈できないはずである。「教育」という動作から，教育を受ける側は知識が増えるなどの変化を被るが，教育を授ける側はなんらの変化も被らない。つまり，(10b) の記述は中立性の制約に違反しているように見える。これはどういうことだろうか。

　そこで，education の実例を British National Corpus (BNC)

で調べてみた。[8] その結果，X's education の実例はすべて「X を教育すること」としか解釈できないものばかりであった。なお，X の位置に出現する名詞でいちばん多いのは child である。

(13) a. Judge Kazuo Kato declared that 'having received the trust of the people, the state has the authority to determine the content of a child's education'.
 b. A recent worldwide report on children's education has shown UK lagging far behind other countries.
 c. The schools that existed were run by either the Church or private individuals and education was for the rich or those able enough to get scholarships, and women's education was not an issue.

また，(13c) のように，women's education の例も散見された。

(14) に示すとおり，the mother's education の実例も発見できたが，いずれも「母親を教育すること」としか解釈できない。

(14) a. Surely it is more essential that she should be well educated, as research has shown the mother's education to be more important to the child's own later achievement than the father's.
 b. Further, the inequality in child survival probabilities

---

[8] 以下，とくに注記がないかぎり例文は BNC より採取したものである。

(by level of mother's education) has been found to be greater in urban than in rural places and small towns, indicating that the former offers better educated, knowledgeable mothers means of compensating for child health hazards that are unavailable to uneducated, poorly informed women.

c. This assumption was the base of a World Bank programme on mother's education with evidence that more educated mothers have healthier children.

(http://fmwww.bc.edu/repec/res2004/Chevalier.pdf)

(15) の各例のように，人称代名詞の所有格が用いられることもある。

(15) a. I've paid for your education, fed and clothed you.
b. Nothing is known of his education and early years.

これらの例でも your education や his education はそれぞれ「あなたを教育すること」「彼を教育すること」と解釈される。

人称代名詞の中でとくに興味深いのは its education である。BNC では its education の例は見つからなかった。しかし，この名詞構文は絶対に使われないというわけではない。

(16) a. But in the process, the university forgets moral formation inherent in its education and so fails in its mission to benefit the world.

(https://www.okbu.edu/features/university-education-with-a-soul.html)
b. How the United States organizes its education—what we teach, to whom, when, and especially how—approximately matches how the country has organized economic activity for decades.
(https://www.tc.columbia.edu/centers/iee/BOOKS/Dhelexe.htm)
c. Wellesley is known for the excellence of its education, the beauty of its setting, its gifted faculty, and the uniqueness of its campus culture.
(https://www.wellesley.edu/about)

(16) の各例はいずれも「それが教育すること」と解釈できる。

(16) の各例については以下のように分析できる。動詞 educate の目的語になれるのは，人を指示する名詞，つまり基本的に it で受けられない名詞である。したがって，its education の its は目的語所有格と解釈することはできない。ゆえに (16) の各例は，(11b) の制約に反して，主語所有格として解釈されるのであろう。

なお，X's education of Y および (Y's) education by X は発見できなかった。[9] そもそも，教育という場においては，「だれが

---

[9] 以下のように，by 句が「教育者」ではなく「教育方法」を指す例はある。
(i) He continued his general education by reading widely, particularly

教育を受けたか」に比べ「だれが教育したか」はあまり重要視されないのだろう。それゆえ「だれが教育したか」に言及する必要があまりなく、こうした例はあまり使われないのだと推測される。

ここまで見てきたとおり、X's education はやはり原則として「X を教育すること」としか解釈できないが、例外的に「X が教育すること」と解釈できることがある。つまり、基本的には中立性の制約は守られていると考えられる。

6. まとめ

「はじめに」で述べたとおり、名詞構文は英語ではきわめて頻繁に使用されるにもかかわらず、日本語では対応する表現はあまり使われず、学習者にとって、理解の難しい表現である。名詞構文は一つの文に相当すると言われるが、その解釈に当たっては、時制、相、態を補わなければならないし、所有格が主語所有格なのか目的語所有格なのかを判断しなければならない。ここまで述べたとおり、名詞構文の解釈にはさまざまな要因が絡み合っていて、その解釈は一筋縄ではいかない。ここまで繰り返し述べてきたが、授業という場において、ほとんどの場合、こうした複雑な

---

    on theological subjects.
(ii) Horses were trained on the principle of education by punishment: a cut of the cane or chin-chain for every incorrect step, movement, or look.

要因を教える必要はないだろう。むしろ教えることによって学習者を混乱させるかもしれない。しかしながら，教える必要はないにしても，教える側がこうした知識を持っておくことは必要なことだと思われる。

> **コラム**

正反対の意味を持つ動詞派生名詞 defeat

金田一春彦の『日本語 新版（上）』（岩波新書）に「英語の中には不思議な単語があって，全く同じ形でありながら意味が反対なものがある。defeat という単語は『負けること』と『勝つこと』の両方の意味があるそうだ」（144 ページ）という一節がある。たしかに『ジーニアス英和大辞典』を見てみると，この語の語義は「①（戦争・選挙などでの）敗北，負け　②打破：打倒，征服，勝利［略］」と定義されている。なぜこうした正反対の語義があるのだろうか。本文中でも述べたとおり，たとえば動詞 destroy を名詞 destruction に転換すると「破壊すること」と解釈できることもあれば「破壊されたこと」のように受身的に解釈できることもある。同様に，名詞 defeat も「defeat すること」と「defeat されること」の両方の解釈が可能である。A defeated B という基底文からは A's defeat of B という名詞構文が派生される。この場合は「A が B を打ち負かしたこと」，つまり「A の勝利」という意味になる。他方，B is defeated by A が基底文であれば，B's defeat by A が派生され「B が A に打ち負かされたこと」，つまり「B の敗北」という意味になる。なお，中立性の制約によ

り，B's defeat（Bが打ち負かされたこと）は認められるがA's defeat（Aが打ち負かしたこと）は認められない。『ジーニアス』にはEngland's shock defeat by Luxembourg in last night's game（昨夜の対ルクセンブルク戦におけるイングランドの衝撃的敗北），America's defeat in the Vietnam War（ベトナム戦争でのアメリカの敗北），the Vietnamese defeat of the French in 1954（1954年のベトナム軍の対フランス軍勝利）などの例が収録されている。二つ目の例ではby句もof句も後続しないので「打ち負かされたこと」としか解釈できない。これまで動詞派生名詞に所有格が先行する例ばかり言及してきたが，最後の例のように，固有形容詞が修飾することもある。なお『ランダムハウス英和大辞典第2版』や『新英和大辞典第6版』では，名詞defeatの意味は「打ち負かすこと」「打ち負かされること」と記載されており，受身的な動詞派生名詞としての解釈が可能であることが分かりやすい記述になっている。

第 3 章

過去分詞の形容詞的用法

前川 貴史

＊ 本章は，英語語法文法学会第 15 回英語語法文法セミナー「教員が知っておくべき英文法」(2019 年 8 月 5 日，関西学院大学梅田キャンパス) で「いわゆる『過去分詞』の前置修飾について」というタイトルで行った発表と，日本英文学会関西支部第 18 回大会 (2023 年 12 月 17 日，神戸大学鶴甲第 1 キャンパス) で「形容詞的受身と状態性」というタイトルで発表した内容に基づく。ご質問や貴重なコメントをいただいた参加者の皆様に感謝を申し上げる。ありうべき誤りは全て筆者の責任である。

1. はじめに

　言語表現は形式と意味が対応関係を結ぶことで成り立っている。両者の関係が常に「1対1」であれば，外国語の理解も幾分簡単になるのかもしれないが，あいにくその関係は「1対多」であることがほとんどある。しかし，一つの形式に多様な意味があってこそ，情報伝達の可能性が広がり，結果として豊かな言語表現が可能になるとも言える。そして学習者は，英語を理解し，英語で表現する力を向上させるために，ひとつの形式が持つ表現の幅を適切に把握することが求められる。本章はそのように多様な意味を持つ形式として「形容詞的受身 (adjectival passive)」を取り上げる。

　(1) の過去分詞 stolen は money を修飾する限定用法であり，the stolen money は「盗まれたお金」という意味になる。ここで stolen は被修飾語 money を意味上の主語とし，受動の意味を表している。

(1)　The police found the *stolen* money in the car.[1]

(塚 (2017: 246))

また，過去分詞には次のような叙述用法もある。

(2)　His eyes remain *closed*.　　　(塚 (2017: 247))

---

[1] 以下，例文中のイタリック・太字・下線は，特に記すものを除いて筆者によるものである。

ここでは過去分詞 closed は動詞 remain の補語として用いられているが,ここでも his eyes を意味上の主語とし,受動の意味を表している。

学習英文法においてこのように過去分詞の限定用法と叙述用法と呼ばれるものは,英語学・言語学では「形容詞的受身」と呼ばれ,受身の一種として扱われる。

形容詞的受身は「動詞的受身 (verbal passive)」と対立する概念である。動詞的受身の例が (3) である。

(3) The mushrooms were *sliced* by the cook.

(Levin (1993: 86))

この文は料理人がマッシュルームをスライスするという「行為」を記述しているので,動詞的受身と呼ばれる。一方,(4) は行為を表さない。(4) の意味を考えてみよう。

(4) The feathers remained *stuffed* in the pillow.

(Levin (1993: 87))

この文は羽毛が枕につめこまれた結果状態を記述している。このように,形容詞的受身は,動詞的受身のように「行為」ではなく,行為の「結果状態」を表す形式であると言われる。

しかし実は,形容詞的受身の表す意味は結果状態だけではない。本章は,形容詞的受身という一つの形式が持つ意味・用法を観察し,その表現の多様性を把握することを目的とする。2節ではまず,形容詞的受身が形容詞の一種であり,動詞的受身とは区

別されるべきであることをさらに詳しく述べる。3節では，結果状態を表す形容詞的受身が，純粋な状態（以下，「純粋状態」と呼ぶ）を表す形容詞とどのように異なるかを観察する。4節では，結果状態を表す形容詞的受身には2種類あることを述べる。第5節では，結果状態ではなく，純粋状態を表す形容詞的受身を観察する。第6節では，継続中の過程や行為を表す形容詞的受身について議論する。7節では，一見多様な意味・用法を持つ形容詞的受身を階層関係に整理することによって形容詞的受身の各タイプを統一的に把握する。また過程・行為と結果状態の両方を含意する形容詞的受身が存在することを論じる。8節はまとめである。

2. 動詞的受身と形容詞的受身

本節では形容詞的受身と動詞的受身の文法的な振る舞いの違いを観察し，形容詞的受身は形容詞であることを明らかにする。Wasow (1977) は，形容詞的受身が形容詞であると判断する証拠として以下のようなデータを提示している。

第一に，通常の形容詞と同じく，名詞の前に位置してそれを修飾する用法を持つ。

(5) The {broken / filled / painted / cherished} box sat on the table. (Wasow (1977: 338))

(5) の名詞 box の前に位置する各要素は box を修飾している。これは例えば the beautiful box における beautiful が後ろの box

を修飾していることと並行的である。

第二に,形容詞的受身の過去分詞は,act, become, look, remain, seem, sound などの補語になることができる。

(6) a. John {acted / became / looked / remained / seemed / sounded} *annoyed* at us.
   b. John {acted / became / looked / remained / seemed / sounded} *happy*. (Wasow (1977: 339))

(6a) は,これらの動詞の補語として annoyed という形容詞的受身の過去分詞が生起している。(6b) では,同じ位置に happy という形容詞がある。よって,(6a) の過去分詞 annoyed は純粋な形容詞と同じ位置を占めることができるという点で,形容詞的であると言える。

一方次の例では,look, act, seem の補語として動詞的受身にしかなれない要素を持ってきている。

(7) a. *John {looks / acts / seems} *given* **first prize** every time we have a contest.
   b. *John {looks / acts / seems} *told* **the bad news**.
     (Wasow (1977: 343))

これらの例における過去分詞 given と told は,それぞれ first prize と the bad news という直接目的語を伴っているので,形容詞ではなく,動詞である。この例が容認されないことからわかるように,動詞的受身をこれらの動詞の補部の位置に置くことは

できない。

　第三に，形容詞的受身の過去分詞は接頭辞 un- を持つことができる。

(8) a. The island was *un*__inhabited__ by humans.
　　b. *Humans *un*__inhabited__ the island. (Wasow (1977: 339))
　　c. *un*breakable, *un*eventful, *un*happy, *un*lucky, *un*palpable
　　　　　　　　　　　　　　　　　　　(Wasow (1977: 340) に基づく)

接頭辞 un- は，(8a) の uninhabited のように，形容詞的受身の過去分詞に付けることができる。これは，(8b) のような動詞ではなく，(8c) のような形容詞と同じ振る舞いである。[2] 次の例が示すように，動詞的受身の過去分詞には接頭辞 un- を付けることができない。

(9) a. Bill was told/**un*__told__ the story.
　　b. Bill was sent/**un*__sent__ the letter. (Wasow (1977: 344))

(9) の2例は直接目的語 (the story, the letter) を持っているので動詞的受身である。これらの過去分詞は，un- を付けて *untold や *unsent のようにすることはできない。

---

　[2] 接頭辞 un- には，zip/*un*zip, tie/*un*tie, do/*un*do など，動詞に付くものもあるが，これは元の動詞とは逆の動作を表す動詞を作る。一方，形容詞に付く un- は，happy/*un*happy や clear/*un*clear のように，もとの形容詞に not の意味を付け加える。よって両者は異なる意味を持つ別個の接辞であると考えられる (Bresnan (1982: 21-22))。注9も参照。

最後に，程度を表す語句との共起を見てみよう。

(10) a. John *very* *(*much*) {respects / frightens / appreciates / resents} your family.
   b. John is *very* (**much*) {fond of / grateful to / angry with} your family.
   c. Your family was *very* (*much*) {respected / frightened / appreciated / resented}

(Wasow (1977: 340))

(10a) の respects などの能動態の動詞は very much による修飾は可能であるが，very は不可である。一方 (10b) が示すように，fond などの形容詞は very による修飾は可能であるが，very much は不可である。形容詞的受身の過去分詞は，(10c) が示すように，形容詞と同じく very での修飾が可能である。[3]

動詞的受身については Wasow (1977) は以下のような例を提示している。

(11) a. ?John was *very* *(*much*) taught the value of a dollar.
   b ?John was *very* *(*much*) sold a bill of goods.

(Wasow (1977: 344))

Wasow (1977) の判断によると，(11) の各例では very のみで

---

[3] 形容詞的受身は能動態と同じく very much での修飾も可能であるが，much のない構造も可能であるという点で，形容詞的受身と形容詞は同列にあると言える。

は完全に不可であり，very much を用いた場合容認性が上がる。very much が完全には容認可能にならない点がやや異なるが，very が完全に不可能であることについては（10a）の動詞と並行的である。

　これらの基準によって，Wasow（1977）は形容詞的受身と動詞的受身とを区別し，形容詞的受身は形容詞としての振る舞いを示すことを明らかにした。

3. 形容詞的受身と結果状態

　本節では Embick（2004）に基づき，形容詞的受身の過去分詞と純粋状態を表す形容詞とを比較し，前者が結果状態を表すことを見ていく。[4, 5]

　第一に，様態副詞による修飾の可能性を観察しよう。まず，結果状態を表す形容詞的受身は，動詞の表す行為の様態を示す carefully などの副詞によって修飾できる。純粋状態を表す形容詞はそれが不可能である。

---

[4] 形容詞的受身が結果状態を表すことは，影山（1996）も「枯れた草」や「錆びたナイフ」など，日本語の「た」形動詞の連体用法との比較で論じている。

[5] Embick（2004: 356ff）は，open や後出の flat および empty などの語を状態分詞（stative participle），結果状態を表す opened などを結果状態分詞（resultative participle）と呼んでいる。前者を分詞と呼ぶことには異論があると考えられるので，伝統的な分類に従って，ここではこれらを通常の形容詞として扱う。

(12) a. The package remained **carefully** *opened*.
  b. *The package remained **carefully** *open*.

(Embick (2004: 357))

(12a) の opened は，開く行為からの結果状態を表す形容詞的受身である。結果状態には，その結果を引き起こす行為が含意される。様態副詞 carefully は，その結果を引き起こす開く行為を修飾していると考えられる。一方，open は純粋に開いた状態を表す。後者は行為を含意しないため，行為の様態を表す副詞を使用することができない。[6]

第二に，Embick (2004) によると，動詞 build, create, make など，何かを作成することを意味する動詞（作成動詞；verbs of creation）には open は後続できるが opened は不可である。

(13) a. The door was **built** *open*/*opened*.
  b. The door was **built** *long*/*lengthened*.

(Embick (2004: 357))

作成動詞は，ある物体が存在しない状態から存在する状態への変化を表す。つまり，その物体がまだ存在しない状態があったことを含意している。一方 opened は，ある物体が閉じた状態から開

---

[6] ここで closed という語を見てみよう。これは -ed という語尾を持っている点で opened と類似し，またその反意語とも言える。しかし，closed は opened とは異なり，純粋状態と結果状態の両方の用法を持つ。よって，結果状態用法では次のように carefully による修飾ができる。
 (i) The package remained carefully closed.　(Embick (2004: 358))

いた状態に変化した，その結果状態を表す。はじめに閉じた状態にあったからには，その物体はその時点から存在していなくてはならない。つまり，当該の物体が存在しない状態があったことを含意する作成動詞と，はじめから存在していたことを含意するopened は，意味的に矛盾するのである。しかし，open は結果状態ではなく，純粋状態を表すものであるため，opened とは異なり，はじめから存在していたという含意はない。このため，build との共起が可能となるのである。[7]

　第三に，結果二次述語として文中に生起できる可能性が，open と opened では異なる。

(14) 　John kicked the door *open*/*opened.

(Embick (2004: 359))

純粋状態を表す形容詞として，open は結果二次述語になることができる。しかし opened のような結果状態を表す形容詞的受身は，それが不可能である。以下の例における容認性の違いも同じように捉えることができる。[8]

---

[7] (i) が示すように，closed は作成動詞に後続することが可能である。
　(i)　The door was built *closed*.　　　　(Embick (2004: 358))
注7で述べたように，closed は純粋状態と結果状態の両方の用法を持つ。つまり (i) の closed は純粋状態用法である。

[8] 上述のように，closed は純粋状態と結果状態の両方の用法を持つ。よって，純粋状態用法として結果二次述語になることができる。
　(i)　John kicked the door *closed*.　　　　(Embick (2004: 359))

(15) a. Mary pounded the apple *flat*/*flattened.

b. Bill drank the glass *empty*/*emptied.

c. The heat turned the meat *rotten*/*rotted.

(Embick (2004: 359))

　最後に，接頭辞 un- は，結果状態を表す形容詞的受身への接辞化は生産的であるが，純粋状態を表す形容詞の場合そうではない。上述のように，open は純粋状態，opened は結果状態を表すので，un- の接辞化には以下のような容認度の違いが出る。

(16) a. **un*open

b. *un*opened　　　　　　　　　　(Embick (2004: 358))

同様の例に *un-rott-en/un-rott-ed, *un-bless-èd/un-bless-ed, *un-shrunk-en/un-shrunk のようなペアがある。これらは，open/opened のように，左が純粋状態を表す形容詞，右が結果状態を表す形容詞的受身である。接頭辞 un- は形容詞的受身にしか付かない。[9]

　以上，Embick (2004) に従って，純粋状態を表す形容詞との相違点を観察しながら，形容詞的受身が結果状態を表すことを観察した。

---

[9] 純粋状態を表す語の中にも，un-shav-en や un-happy などのように，un- が付くものがある。よってここで問題にしているのは，結果状態述語には un- が生産的に付くのに対し，状態述語の場合はそうではないということである。また，注2も参照。

4. 2種類の結果状態

前節までは，代表的な先行研究を振り返りながら形容詞的受身の主な文法的・意味的性質を観察してきたが，ここからはこれまであまり注目されてこなかった性質に焦点を当てる。

まず，結果状態という概念には実は2種類あり，それに対応して結果状態型の形容詞的受身も2種類存在することを見ていこう。結果状態を，Parsons (1990: 234-235) は resultant state と target state という2種に分類した。[10] その説明を要約すると，resultant state は，出来事が終息したあとその後永遠に続く，その出来事の終息状態を指す。例えば Mary が昼食を食べ終わったあとには「Mary が昼食を食べ終わった」状態がその後永遠に続く。これが resultant state である。

一方，target state は，動詞の表す事態から当然予測できるような結果状態のことである。例えば I threw a ball onto the roof という文を例にとると，ボールを屋根に投げればボールは当然屋根に上がるので，これが target state である。上述の resultant state は永続的であるが，target state は一時的な場合もある。

これらの概念に基づいて，結果状態を表す形容詞的受身を2種に分類する。それらをここでは「Resultant State (RS) 型」と「Target State (TS) 型」と呼ぶことにする。まず (17) は TS 型の形容詞的受身である。

---

[10] Kratzer (2000) によってドイツ語の形容詞的受身に応用された。

(17) a. The north-bound carriageway is **still** *closed* to traffic.

(BNC*web*: K1D 1089)

b. The speed of descent must have cut down the exposure to any residual gas since he felt none of the earlier weirdness as he approached the **still** *sealed* engine room door. (BNC*web*: BPA 2159)

c. He is bushy-tailed and defiantly optimistic for the new decade—which in his case starts early when the **still** *battered* England cricket team leave for the West Indies in less than three weeks.

(BNC*web*: AAW 56)

上で述べたように target state は一時的な解釈が可能なので，これらの例のように，副詞 still とともに用いることができる (Kratzer (2000: 385ff))。例えば (17a) は，「北行きの車線はいまだに通行止めである」という意味であり，形容詞的受身 closed によって表現されているのは，もとの動詞である close が表す事態から当然予測される結果状態である。ここでは still が用いられていることによって，それが一時的な状態であることが示唆されている。

一方，RS 型形容詞的受身の例としては (18) の実例がある。

(18) a. Weeks later, a recently **applied** extension to John's visitors' visa was revoked.

(D. Thompson, *Wall of Pain*, p. 148)

b. In *The Wontdetainia*, first presented at the Paragon, Mile End Road, on 11 April 1910, and satirizing public enthusiasm for the great new luxury liners like the recently **launched** *Lusitania* and *Mauretania*, the effects were even more elaborate, (…).[11]

(D. Robinson, *Chaplin*, p. 78)

(18a) は,「数週間後, ジョンの観光ビザの, 最近申請した延長が無効になった」という意味である。発話時点ではすでに申請が無効になっているので, ビザの延長申請のプロセスはこれより前に終了している。しかし, 発話時においては, 延長申請プロセスが終息した状態が resultant state として続いており, これが applied extension のように形容詞的受身として表現されている。

次に (18b) を見てみよう。この文は, 豪華客船に対する当時の人々の熱狂を風刺した1910年初演の演劇について述べており, the recently launched *Lusitania* and *Mauretania* は「最近進水したルシタニア号とモーリタニア号」という意味になる。Lusitania と Mauretania は豪華客船の名前であり, 両者とも 1906 年に進水した (*Encyclopædia Britannica*)。動詞 launch は OALD で "to put a ship or boat into the water, especially one that has just been built" と説明されているように, 建造されたばかりの船を造船台から水に浮かばせることを意味する。上記のように, これ

---

[11] この文のイタリック体で記された固有名詞は原文通りのものである。

らの客船の進水は1906年であるが，その後に続くresultant state が，形容詞的受身 launched を用いて表現されていると考えられる。

以上述べたように，結果状態を表す形容詞的受身には，TS 型と RS 型に分類できる。

5. 状態動詞と形容詞的受身

ここまで，形容詞的受身は，結果状態を含意するものとして議論を進めてきた。しかし，形容詞的受身には，結果状態を含意しないものが存在する。この節では，純粋状態を表す動詞から派生された形容詞的受身を観察する。McIntire (2013) は以下のような例を挙げている。

(19) a. That we **remain** *held* down by gravity has its benefits.
 b. The share **remained** *undervalued* by investors from the time of its issue.
 c. Wupwup free relatives **remained** *neglected* until they were first studied in 1979.
 d. *feared* people; *inhabited* planets, *much-needed* projects (McIntire (2013. 24))

(19) の各例における過去分詞の元の動詞 hold, undervalue, neglect, fear, inhabit, need はいずれも純粋状態を表す動詞で

あり，これらは状態動詞と呼ばれる。(19a) から (19c) の過去分詞は，それぞれ remained という動詞の補語として生起しているので，形容詞的受身である。第2節の (6) の例を思い出していただきたい。また，(19d) の過去分詞は名詞の前に位置してそれを修飾しており，これらも明らかに形容詞的受身である（2節の (5) 参照）。これらの形容詞的受身は状態動詞から派生されているので，これまでに見てきた例のような行為の含意はなく，また当然，それが引き起こす結果状態の含意もない。その表す意味は純粋状態である。これらのような，状態動詞から派生した純粋状態を表す形容詞的受身を「純粋状態型」の形容詞的受身と呼ぶことにする。

(20) はコーパスからの例である。

(20) a. Sunset was still a couple of hours away, but the town roofs **seemed** *touched* with a silver gleam.

(BNC*web*: HA7 3184)

b. Of all the nurses she had known only Minnie Robinson had **remained** *loved* and *revered* (…).

(BNC*web*: ADS 1582)

c. The mill later **became** *known* as Garden Mill.

(BNC*web*: ANC 1189)

(20) の例における過去分詞はそれぞれ seemed, remained, became に後続する位置に生起する補部であるので，形容詞的受身であると言える。これらの元の動詞 touch, love, know, revere

はいずれも状態動詞であり，それから派生された touched, loved, known, revered はいずれも純粋状態を表す。例として (20a) の解釈を見てみよう。この文の後半部は「街の建物の屋根は銀色のかすかな光の色に染められているようだった」という意味であり，ここでは建物の屋根の状態を表している。

以上この節では，純粋状態型の形容詞的受身を観察した。これらは状態を表す動詞から派生されたものであり，結果状態を表すことはない。

6. 活動動詞と形容詞的受身

前節では，結果状態を表さない形容詞的受身として，状態動詞から派生したものを観察した。同じく結果状態を含意しない形容詞的受身として，継続中の過程を表すものが存在することを，McIntire (2013) が報告している。このような例を以下，「過程型」と呼ぶことにする。

(21) a. The flute **seems** well *played*, from what I can hear amidst the surface noise.

 b. The blue car **seems** badly *driven*, so keep away from it.

 c. The mediaeval painting shows *tortured people* in the background.

 d. The photograph shows doctors and *operated-on peo-*

　　　　ple.　　　　　　　　　　　　　　(McIntire (2013: 24))

(21a) の The flute seems well played は音楽の演奏中，また (21b) の That blue car seems badly driven は自動車が動く過程が継続中での発話である。McIntire (2013: 23) によると，これらの文は，音楽が終わったあとや，自動車が静止しているときには，発話が容認されない。過去分詞はいずれも継続中の過程を表現していると言える。また，(21c) と (21d) のイタリック体部分はそれぞれ，「拷問される人々」と「手術を受ける人々」を表している。絵や写真の中での継続中の過程が描写されている。

　次の実例では，活動動詞の discuss と study に由来する形容詞的受身が用いられている。

(22) a.　(…) I've been able to trace the rise of 'Plain Language' as a standard from the late 1970s through the early 1980s, when it **became** much *discussed* in the US, UK, Canada, and Australia-New Zealand.

　　　　　　　(M. Hagan, "Plain Language & Legal Design")

　　b.　Empowerment has **become** *well-studied* in various disciplines such as education, philosophy, social work, business, and nursing.

　　　　　(L. M. Haddad and T. J. Toney-Butler, "Empowerment")

これらが形容詞的受身であることは，became という動詞に後続していることから明らかである。(22a) は，1970年代後半から

1980年代初頭の時期にPlain Languageがアメリカやイギリスなどの国々でとてもよく議論されるようになったということを述べている。つまり，discussedは過程・活動が進行中であることを意味しており，became much discussedは，そのような活動がいたるところで進行する状況になったということを表していると考えられる。(22b) のbecome well-studiedも同様に，empowermentについての研究活動がいろいろな学問分野で活発に進行する状況になったということを述べている。

このように，活動動詞に基づく形容詞的受身は，過程型の形容詞的受身を形成できる。

7. 形容詞的受身の整理

以上観察してきたように，形容詞的受身には多様なタイプが存在する。これらを統一的に捉えるため，(23) のような階層関係に分類してみよう。

(23)　　形容詞的受身の分類（番号は例文に対応）

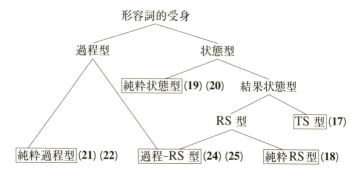

　形容詞的受身は，まず過程型と状態型に分類される。継続中の過程を表す (21) の The flute seems well *played* や (22) の Empowerment has become *well-studied* in various disciplines のような形容詞的受身が過程型に含まれる。これをここで「純粋過程型」と呼び，下で述べる過程-RS 型と区別する。

　状態型は，純粋状態型と結果状態型に分かれる。純粋状態型は (19) の *feared* / *depressed* people や (20) の the town roofs seemed *touched* with a silver gleam のように，結果状態ではなく，純粋状態を表す形容詞的受身である。結果状態型には，4 節で述べたように TS 型と RS 型が含まれる。前者は (17) の the still *battered* England cricket team のように，動詞の表す事態から当然予測できるような結果状態を表すものである。RS 型には，出来事が収束したあとその後永遠に続く，その出来事の収束状態を示す (18) の a recently *applied* extension のような形容詞的受身が含まれる。これをここで「純粋 RS 型」と呼び，下で議論

する過程-RS 型と区別する。

　最後に，過程型と RS 型の両方の特徴を受け継いでいる「過程-RS 型」の存在を指摘しておきたい。McIntire (2013: 35, 37) は，活動動詞 massage に由来する形容詞的受身 massaged が用いられた (24) のような例を挙げている。

(24) a.　a *massaged* patient　　　　　　(McIntire (2013: 37))
　　 b. (?)The patient is already *massaged*, so we needn't ring the physiotherapist.　　(McIntire (2013: 35))

活動動詞は本来，活動あるいは出来事の過程を表すものであり，結果状態の含意はない。しかし，McIntire (2013: 37) によると，ここで用いられている形容詞的受身 massaged は，patient がマッサージの過程が終わった状態にあることを表現している。

　過程-RS 型の実例として (25) の 2 例を見てみよう。形容詞的受身 kicked と shouted は，それぞれ活動動詞 kick と shout に由来するものである。(25) の the kicked ball と his shouted words は，(24) と同様に，結果状態の意味を持つと考えられる。

(25) a.　That's when the 28-year-old Bears season ticket-holder who played football for most of his life jumped into the end zone tunnel of the prerenovated stadium, caught **the *kicked* ball** in midair, and landed in a whirlwind of fame and attention.

(C. Malcolm, "Legend of the Fall")

b. Someone outside was lying with his space-suit helmet pressed against the metal, and **his *shouted words*** were reaching us by direct conduction.

(A. C. Clarke, *The Other Side of the Sky*, p. 44)

(25a) の文では, アメリカンフットボールの選手が蹴ったボールを, 観客のひとりがキャッチした様子が描写されている。ボールがキャッチされた時点で選手のボールを蹴る行為は数秒前には終わっている。この例では, 蹴る行為の結果状態にあるボールが the kicked ball として形容詞的受身で表現されていると言える。

(25b) は, 宇宙で遭難した主人公たちを助けるためにやって来た救援者が, 壁の向こう側から大声で言葉を発しており, その声が壁を伝って主人公たちに聞こえてきた場面である。救援者の叫ぶ行為の結果として生じた言葉が, his *shouted* words として形容詞的受身を用いて表現されている。

このように, (25) の2例は活動動詞に由来する結果状態型形容詞的受身であり, 過程型と RS 型の混交である。

8. おわりに

本章は, 形容詞的受身という一つの形式が持つ様々な意味・用法を概観した。従来は結果状態を表すものに議論の焦点が当てられてきたが, これまで見てきたように, 形容詞的受身にはそれ以外にも多様なタイプが存在する。

英語力を身につけるには，できるだけ多くの構文や言い回しなどを覚えるべきであると考えがちである。もちろんそれは正しい。しかし，ひとつの形式が持つ様々な意味・用法を学ぶこともまた重要である。本章では，形容詞的に使われる過去分詞を観察し，単なる受身である以上に様々な意味・用法があることが明らかになった。ひとつの形式が持つ表現の幅を把握することにより，英語の表現力や理解力の向上に役立つものと思われる。[12]

コラム

「分詞形容詞」

学習英文法では disappointed や surprised などの語に対して「分詞形容詞」という用語が用いられることがある。これは分詞の一種であるが，例えば中邑ほか（2022）では，「動詞としての意味が薄れ，形容詞の働きをするもの」(p. 462) と定義されている。

この定義から，過去分詞由来の分詞形容詞は形容詞的受身と重なることは明らかである。中邑ほか（2022）は「副詞 very はふつう分詞を修飾しないが，分詞形容詞は修飾できる」と述べる (p. 251)。この記述を過去分詞に限って解釈すると，前半部「副詞 very はふつう分詞を修飾しない」は動詞的受身の過去分詞の性質であり，後半の「(副詞 very は) 分詞形容詞は修飾できる」

---

[12] 本章で言及したものの他に，形容詞的受身についての代表的な研究として Bresnan (1982), Levin and Rappaport (1986), Pesetsky (1995) などがある。

は形容詞的受身の過去分詞の性質である (Wasow (1977))。

　では,どのような語が具体的に分詞形容詞として分類されるのだろうか。多くの参考書が,冒頭に挙げた語の他に,excited, amused, interested など感情にかかわる語を分詞形容詞としている。そうすると,感情に関する意味を持たないけれども形容詞的受身の性質を持つ uninhabited や stuffed のような語は分詞形容詞ではないのだろうか。形容詞的受身は形容詞として振る舞うということを考えると,これらの語を分詞形容詞としないのであれば,それなりの根拠が必要であろう。

　このように,過去分詞由来の分詞形容詞が具体的にどのような語を指すのかは曖昧であり,それが形容詞的受身と同一であると言えるかどうかは不明である。

第 4 章

英語副詞を理解する手がかり
― 4 つの概念を中心に ―

吉田 幸治

1. はじめに

本章では，英語の副詞類を考察対象とし，日本人英語学習者にとって理解しにくいと思われる現象を中心に説明をしていく。具体的には，焦点副詞の用法，副詞の生起位置，否定の解釈を伴う副詞，裸名詞句副詞の4点に関して深く考えるための手掛かりを示していく。

なお，本章全体の内容を理解するうえで基本的前提として次の条件を念頭に置いておいていただきたい。この条件はあらゆる言語にあてはまるとされる例外の少ないものである。

修飾語隣接条件： 修飾語と被修飾語は隣接していなければならない。

2. 焦点と副詞

本節では，焦点副詞に関連する問題および留意点を整理しておく。特に，日本語のとりたて助詞と比較することを通して意味解釈の仕組みを示すことにする。

2.1. 英語の焦点副詞と日本語のとりたて助詞

Swan (1986) は英語の焦点副詞の説明として次のような記述をしている。

(1) These adverbs 'point to' or emphasize one part of the

clause.

Examples: *also, just, even, only, mainly, mostly, either, or, neither, nor*

Position: mid-position (after auxiliary verbs and *am, are, is, was* and *were*; before other verbs).

(Swan (1986: 22))

(1) で注目していただきたいのは,「節の一部を指す,つまり強調する」と記している点である。呼称からして当然のことであるが,焦点副詞の働きは何かを強調することである。ではいったい何を強調するのであろうか。この問いに答えるために,まず英語の焦点副詞と類似した振る舞いと分布を示すとされる日本語のとりたて助詞についてみてみよう。

日本語では,助詞が名詞句に後続することによってその名詞句が節内で果たす役割が示され,比較的語順が自由であるとされる。この助詞の下位類には格助詞,接続助詞,副助詞,終助詞などがあるが,このなかで副助詞がとりたて助詞に相当する。具体的には次の説明がわかりやすいと思われる。

(2) とりたてとは,文中のある要素をきわだたせ,同類の要素との関係を背景にして,特別な意味を加えることである。

(3) とりたての機能をもつおもな形式は,「も」「は」「なら」「だけ」「しか」「ばかり」「こそ」「さえ」「まで」「でも」「だって」「なんか」「なんて」「など」「くらい」などのと

りたて助詞である。

(4) とりたて助詞によってとりたてられる要素には，格成分，副詞的成分，述語，節などさまざまなものがある。
　・このかばんは，この店で<u>しか</u>買えない。(格成分)
　・足が痛くてゆっくりと<u>しか</u>歩けない。(副詞的成分)
　・田中先生は，きびしいが，やさしく<u>も</u>ある。(述語)
　・困ったとき<u>だけ</u>，神頼みをする。(節)

(日本語記述文法研究会 (2009: 3))

(1) の英語に関する記述と (2)-(4) の日本語に関する記述を比べると，英語の焦点副詞と日本語のとりたて助詞の間にはかなりの類似点があることに気づくが，(4) は (1) よりもかなり具体的である。特に，「とりたてられる要素には，格成分，副詞的成分，述語，節などさまざまなものがある」と記されている点は注目に値する。要するに，とりたて助詞がその作用域とするものには様々なものがあり，個々の表現ごとに解釈が異なるのである。

2.2. only と even

では，英語ではどのような要素がとりたてられるのであろうか。具体的な例をみながら検討するとして，まずは only からみてみたい。

(5) a.　Only John watched the game.
　　b.　Some of the men spoke only English.

(Taglicht (1984: 142-143))

(5) では only が直後の名詞句，つまり John と English を作用域にしている。また，(5b) の解釈は「英語しか話さない人たちがいる」であり，ここでは only の作用域に some が含まれないことにも注意が必要である。この文では only の作用域が動詞句内にとどまるからである。

主語位置に only が生起する場合には，構造上 only がより上位に位置することになるため，作用域が広くなることが予想されるが，事実はその通りである。(6) をみられたい。

(6) a. Only Peter was here the whole of that day.
  b. Only soccer is played in a lot of countries.

(Taglicht (1984: 147))

(6a) ではピーターのみが長くとどまって他の誰もが長く滞在しなかったことを意味し，(6b) ではサッカー以外の競技がそれほど広く普及していないことを意味する。(6b) が受動文であり，広い解釈を取りやすいことにも注意が必要である。

次に even についてみておく。実は even はかなり複雑な振る舞いを示す，なかなか厄介な副詞であり，次のような解釈上の多様性を示す。

(7) a. Even Kim resigned.
  b. Not even Kim resigned.

(Huddleston and Pullum (2002: 594))

Huddleston and Pullum (2002) によると，(7a) には「キムは辞職した」と「キム以外の人も辞職した」という背景的な内容からなる二つの構成命題 (component proposition) をもたらすとされる。この命題は even 固有の語彙的意味 (lexical meaning) から導き出されるものであり，論理的含意 (entailment) でも真理条件 (truth condition) でもなく，規約的含意 (conventional implicature) であると考えられる。

このように，even には特定の命題を想起させる働きがあるが，解釈上重要な点として，発話者の驚きが示されるという点にある。この点に関して Huddleston and Pullum (2002) は次のように記している。

(8) *Even* indicates that the proposition expressed is being compared with one or more related propositions and judged stronger or more surprising.

(Huddleston and Pullum (2002: 594))

even の使用が常に驚きを伴うものだというわけではないが，一定の条件下で意外性を伴った驚きを含意するという点は重要である。

2.3. even の生起位置に関して

副詞の用法を教授する際にもっとも重要な事項の一つが生起位置である。特に，文副詞 even は様々な位置に生起することがあり，一見すると捉えどころがないようにも感じられる。まず具体

例をみておこう。

(9) a. John e-mailed even Mary.
  b. Even John e-mailed me.
  c. John even e-mailed me.

(久野・高見 (2015: 157-159))

(10) a. John even should have sent an apology letter to her.
  b. John should even have sent an apology letter to her.
  c. John should have even sent an apology letter to her.

(久野・高見 (2015: 157-159))

(9a) が示すように，[even + Mary] は構成素を成していると考えられる。なぜならば，英語の文法には例外がないとされる「他動詞と目的語の間にはいかなる要素も介在してはならない」という隣接性条件があるので，もし even と Mary が構成素をなしていないとすればこの条件に違反することになってしまうからである。

(9b) と (9c) はいずれも「ジョンでさえ私にメールを送ってきた。」という解釈であり，even による John を作用域とする後置修飾が可能であることを示している。

(10) は法助動詞と完了の have が現れている場合に even が生起し得る位置を示すもので，いずれも John を作用域とする解釈が可能となっており，even があたかも遊離数量詞のような移動を示している。

さらに，even は文末にも生起することが可能である。

(11) You would have enjoyed dancing tonight, even.

(Huddleston and Pullum (2002: 595))

この例では，修飾語隣接の原則どおりに，even が tonight を作用域とする「あなたは今晩もダンスを楽しんだことでしょう。」という解釈も可能であるが，even の作用域として You を取ることも可能であり，その場合には「あなたもダンスを楽しんだことでしょう。」と解釈することができる。音調の問題も関連しているが，あたかも「あとづけ」のように文末に even を置いても主語を焦点化することが可能となる点は留意しておくべきである。

3. 副詞と位置

3節では，副詞の生起位置に関する重要な知見を概観しておきたい。Keyser (1968) による転送可能性規約 (transportability convention) をみておく。

Keyser (1968) は副詞の生起する位置に関して，副詞がそれを直接支配している節点によって支配されている他の節点と姉妹関係を保持している場合には，異なる位置に生起可能であることを示した。具体的な例をあげると，文副詞の probably は句構造内で S に支配されているので，次の樹形図において，(a)-(d) の位置には生起可能であるが，(e)(f) の位置には生起できない。

(11)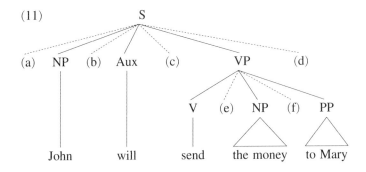

この樹形図において，probably は S に直接支配されているので，(a)-(d) のどの位置にも生起可能であるが，(e) (f) の位置では NP, VP との姉妹関係がないため生起できない。これが転送可能性規約の概要である。

これに対して，Jackendoff (1972) は，転送可能性規約が全ての副詞に適用されるものではなく，S に直接支配される副詞に限られるものであることを主張した。この主張の根拠になる例は (12) (13) にみられる対比である。

(12) a. John worded the letter carefully.
    b. *John carefully worded the letter.
(13) a. The job paid us handsomely.
    b. *The job handsomely paid us.　(Jackendoff (1972: 68))

(12) (13) の carefully と handsomely は義務的付加詞[1]と呼ばれ

---

[1] 義務的付加詞 (obligatory adjunct) とは，John lives in Tokyo. における in Tokyo, John treated her kindly. における kindly のように，適格文となる

るもので,そもそも (12a) (13a) からこれらの副詞を省略することができない。こうした場合,(12b) (13b) のように動詞の直前に副詞を移動することはできず,転送可能性規約が当てはまらないことがわかる。

Jackendoff (1972) は (12) (13) を転送可能性規約に対する反例として挙げているだけだが,実はこのような例には一つの特徴がある。それは副詞そのものが焦点となっており,情報構造としては文中で最も重要な要素となっていることである。要するに,文末焦点の原則[2]に従う語順でなければ適格文として成立しないということなのである。

4. 副詞と否定

英文法研究において明解な説明を拒むものの一つに否定現象がある。副詞が関与する場合にはさらに複雑な様相を呈することが

ために不可欠な要素となっている副詞類を指す。義務的付加詞は形容詞的に用いられる分詞や受動文においても必要となる場合がある。詳しくは,Grimshaw and Vikner (1993), Goldberg and Ackerman (2001) などを参照。

[2] 文末焦点の原則 (end-focus principle) とは,文中の要素で最も情報の重要度が高い要素は文末に置かれなければならないという原則である。これによって,次の (i) と (ii) の対比が説明される。
 (i) John gave Mary a book.
 (ii) *John gave Mary it. (cf. John gave it to Mary.)
(i) では新情報として a book が文末に生起しているが,(ii) では旧情報を担う it が文末に生起しているために非文となる。So+V+S と So+S+V の解釈の違いなども文末焦点の原則が関与している。

知られている。

まず，(14) をみられたい。

(14) a. The children are usually noisy.
  b. The children are unusually noisy.

(Zwicky (1970: 145))

Zwicky (1970) によれば，(14a) において，usually は文副詞として機能しており，「子どもたちはたいてい賑やかである。」という解釈になる一方，(14b) の unusually は直後の形容詞の noisy を修飾する解釈しか持たず，「子どもたちは普段とは異なる賑やかさである。」という解釈になる。

興味深いことに，このような解釈上の差異は (14) の対比に限られるものではなく，以下の各組にも共通してみられる。

(15) a. typically-atypically
  b. normally-abnormally
  c. characteristically-uncharacteristically
  d. possibly-impossibly
  e. probably-improbably
  f. commonly-uncommonly
  g. naturally-unnaturally
  h. ordinarily-extraordinarily

(Zwicky (1970: 145))

このような事実に対して，Zwicky (1970) は "What is the

explanation for this assignment of forms?" と記し,説明は与えていない。

この問題に関しては,次の例が参考になる。

(16) a. *The house was built.
  b. The house wasn't built.
  c. The house WAS built.

(Goldberg and Ackerman (2001: 801))

受動文の適格性は主語の「特徴づけ」が文全体で行えるか否かによって決定されると言われている。[3] (16a) は家が建てられたことを述べているだけで,家ならば建てられることは常識なので,十分な特徴づけがなされておらず容認されない。しかし,(16b) では家が建てられなかったことが述べられており,結果として話題となっている家が存在しないことを表しており,十分な特徴づけが行われており適格文となる。(16c) は「建てられたか建てられなかったか」という選択的な対比に対して助動詞の was に強勢を置くことによって「建てられた」ことを明言しており,否定文と同様に適格文となっている。

このことからわかるのは,否定要素は①新情報を担うことが可能であり,②文の焦点として機能し得る,ということである。これが (14) と (15) で挙げた副詞の解釈の問題とつながる。そも

---

[3] 特徴づけに関しては Takami (1992) とそこで挙げられている文献を参照されたい。

そも，肯定の意味を持つ副詞は背景化しやすく，焦点にはなりにくい。その結果，肯定の副詞は文副詞として機能する。そもそも多くの文副詞の機能は状況設定を行うのが基本だからである。他方，否定の意味を持つ副詞は，否定そのものが焦点となるために，作用域となるのは動詞句内の要素でなければならない。[4] 通常，焦点要素は文全体を修飾することができないからである。そしてその結果，副詞に含まれる否定的な意味は局所的（local）な解釈が必要となるので形容詞を修飾するものとなるのである。

5. 副詞と特定性

最後に裸名詞句副詞（bare-NP adverb）の容認性についてみておきたい。

裸名詞句副詞とは次のようなもののことである（斜字体は筆者による）。

(17) a. I saw John *that day*.
　　 b. John was headed *that way*.
　　 c. Max pronounced my name *every way imaginable*.

(Larson (1985: 595))

こうした例に対して何が議論されてきたのかというと，本来は前

---

[4] 少し専門的な述べ方をすると，命題否定（propositional negation）でも文否定（sentential negation）でもないということである。両者については各種の言語学辞典などを参照されたい。

置詞が必要であるにもかかわらず，通常前置詞を伴わない形式が好まれるのはなぜかという点と，名詞のなかには前置詞の省略を許さないものがあるという点である。例えば，(17a)であればon, (17b) (17c)であればinが省略されていると考えられる。

　前置詞を欠くと容認されない例としては次のようなものがある。つまり，occasion, vacationは前置詞の省略を許さないということである。

(18) a.　John arrived *(on) that occasion.
　　 b.　John arrived *(during) this vacation.

(Larson (1985: 596))

こうした差異に対するLarson (1985) の説明は，GB理論における「格フィルター」[5]の考え方にもとづくもので，day, wayなどの語には [+F] という素性が内在しており，この素性が独自に格を付与することによって前置詞を欠く形式であっても文中に生起可能であるとするものである。つまり，前置詞によって格が与えられていなくても，名詞句自体に各付与能力が備わっているという考え方である。

　しかし，この分析の方法には様々な問題があることが既に永井 (1986, 1987) およびKobayashi (1987) などによって指摘され

---

[5] 格フィルターとは次の (i) の原理のことで，文内に音韻的に具現化される名詞句は格を付与されていなければならないことを述べているものである。

(i) *NP if NP has phonetic content and has no Case

(Chomsky (1981: 49))

ている。[6] 具体的には，①同じ名詞でも容認される場合とされない場合がある，②生起位置によって容認性が異なる，[7] ③直示性を伴うと容認性が高くなる，④日および曜日の容認性は高いが，月と年になると容認性が下がる，⑤ at, on, in の省略とみなせる場合は容認性が高いが，それ以外の前置詞が省略されたと想定される場合には容認性が下がる，⑥通常想定される意味役割と格付与の仕組みに合致しない，といった指摘がなされている。そして，裸名詞句副詞の容認性は次の2点に左右されることが示されている。

(19) a. 特定の時間を指定するもの
　　 b. 一日を単位とするもの　　　　　　　　（永井 (1987: 64)）

(19) は時を表す裸名詞句副詞の典型 (prototype) と言えるもので，today, tomorrow などのようにこの二つの特性を有しているものであれば容認されることになる。

　永井 (1987) で扱われているものは時を表す裸名詞句副詞だけであるが，方向や様態を表す裸名詞句副詞に対しても (19a) は有用であると考えられる。事実，次例のように直示の that を伴うことからも明らかなように，容認される例では特定性が高いと思われるからである。

---

[6] 以下の説明は永井 (1986, 1987) と Kobayashi (1987) の内容をかなり簡略化したうえで，筆者の考えを付け加えていることをお断りしておく。
[7] この問題点は，注2で述べた文末焦点の問題として処理できると思われる。

(20) a.　They were headed that direction.
　　 b.　You pronounced my name that way.

また，(19b) に関しては，「一まとまりのものとして認識しやすい概念」と言い換えることが可能かもしれない。したがって，裸名詞句副詞に当てはまる典型性として，(21) のようにまとめることができる。

(21) a.　特定性が高いもの
　　 b.　一まとまりの概念として捉えやすいもの

(21) の典型性がどこまで妥当であるのかは，多くの例にあたって検証する必要があるが，特定性が関与しているという点は副詞全般の問題としても重要である。[8]

6.　まとめ

　本章では，副詞をより深く理解するために必要となる概念として，焦点，位置，否定，特定性の4つを紹介した。(22) にまとめとして記しておく。

(22) a.　副詞は情報量が多いために焦点となりやすい。[2節]
　　 b.　位置の移動には一定の制限がある。[3節]

---

[8] おそらく，副詞類の容認性に特定性が関与することは普遍的な性質だと考えられる。日本語でも，「あの日 ...」「その時 ...」とは言えても，「*日 ...」「*時 ...」とは言えないからである。

c.　否定の接頭辞を伴う副詞の解釈には注意すべし。[4節]
　d.　裸名詞句副詞の容認性には特定性が関与している。[5節]

> **コラム**
>
> ### 焦点に関して
>
> 　本章では繰り返し焦点（focus）という概念を用いたが，実は焦点の対概念である前提（presupposition）を含めて，両者に厳密な定義を与えることはそれほど容易なことではない。構造的規定すらも困難であり，Chomsky (1972) すら，概略「音調の中心を含む句は，その文の焦点として解釈することが可能」とかなり曖昧な定義を与えている。かなり大雑把な理解としては，Langacker (1987) では，profile と呼ばれているものが焦点に相当すると考えられ，「文内において情報的に際立つ部分」が焦点と言える。
>
> 　とはいえ，焦点という概念が普遍性を備えているという点は重要である。英語では文末焦点，強調構文の焦点などで導入されることが多いが，日本語の数量詞遊離構文おいても焦点が関係する。例えば，片桐 (1992) が指摘しているように，「学生が今日3人来た。」「私は言語学の本を古本屋で3冊買った。」などで数量詞の遊離が可能になるのは数量詞が焦点となっているからである。他方，「*去年，花子はパーティーに三つ行った。」が非文となるのは，ここでは「三つ」が焦点として機能しないからなのである。

この他にも，特殊構文の多くが焦点化現象と関連していることや，典型から離れた有標性の高い言語表現の多くに焦点が関連することが知られている。詳しくは Molnär and Winkler (2006) とそこで挙げられている参考文献などを参照されたい。

第 5 章

見えない部分を生み出す文法
―動詞句削除・空所化・擬似空所化を中心に―

平井 大輔

1. はじめに

　日本での中等教育における英語教育では，英語はどのようなものでなければならないかに焦点が当てられ，規範的な英文法が教えられていることが多い。一方，言語学や英語学，とりわけ Noam Chomsky 氏が提唱した生成文法理論は，理論的変遷を経ながら大きく変わって来ているものの，一貫して人間の言葉に関する知識はどのようなものであるのか，それをどのように獲得しているのかという問いに焦点をあて，人間の言葉を生み出すメカニズムを明らかにしようとしている。その研究過程で得られた成果の具体的な中身には極めて抽象的な概念が多く設定され，近年では Chomsky (1995) をはじめとするミニマリスト・プログラムと呼ばれる研究方針のもと，さらにその抽象度が増している。そのため，言語学や英語学が言葉に関する研究ではあるものの英語教員が実際の教室でそれらの概念自体を教えることは求められない。しかし，その研究から得られた知見の肝となる部分を理解し，それらを基に言語教育を行うことは言葉を教える者にとって重要であり，授業の側面から学習者の言葉に対する新たな気づきにもつなげることができるであろう。

　本章では，本来音声的に具現化されるべき部分が省略される削除構文のうち，動詞句削除 (VP Deletion (VP-D))，空所化 (Gapping (GP))，擬似空所化 (Pseudo-gapping (P-GP)) を中心に，削除構文を生み出す規則はどのようなものであるのかについて，これまでに提案されている分析を概観し，英語教育に活か

せるヒントを示したい。

　本章の構成は次の通りである。次節では，参考書や入試問題に見られる VP-D や GP，P-GP の事例を紹介する。3 節では VP-D に関する分析を概観し，削除の認可には抽象的な同一条件が関わることを示す。さらにその分析を他二つの構文にも当てはめ，どのような説明が可能かを示す。4 節では，VP-D の特殊な例について構造的同一性から削除構文における意味の同一性を考察する。最後の節では，英語を外国語として教授する教師への提言を行いたい。

2. さまざまな削除現象

　削除構文は，一見特殊な構文であるように見えるが日常会話では散見され，学生たちが触れる教材などにおいても頻繁に見られる。そのため，英語教師にとって，削除構文の生成を可能にしている仕組みや文法を理解しておくことは重要であろう。削除構文は多種にわたるが，以下の各文は参考書や過去の入試問題でみられた上記の構文の例である（φは削除されている部分を表す）。

(1) a.　The boy opened the window although his mother told him not to φ.

（φ = open the window）（センター試験）

　　b.　It is a kinship based on an awareness that others

share some of my feelings and I ϕ theirs.[1]

(ϕ = share)（大阪大）

c.　She loves me as much as I do ϕ her.

(ϕ = love)[2]（杉山 (2012: 325)）

　(1a) では従属節内で先行文に対応する動詞と目的語が削除されている。このような文は動詞句削除 (VP-D) と呼ばれている。(1b) では，等位接続された二つ目の節内の動詞句にある目的語を残し動詞のみが削除されている。この文を空所化 (GP) と呼ぶ。(1c) は，(1b) と同様に動詞句内の要素が残されているものの，助動詞 do が残留している点で GP と異なっている。このような構文は擬似空所化 (P-GP) と呼ばれている。

　一般的に学習英文法では，(1) の ϕ が示す部分は，話者間で共有する文脈から内容が一貫して理解され，重複する部分が省略されると考えられている。これを言語学的に捉えれば，人間の言語能力に省略文を処理する機能（文法）が存在し，ある一定の条件が満たされれば，該当する要素の「削除」が許されると考えている。この条件は，復元可能性 (Recoverability) と呼ばれる削除を認可する一つの条件で，生成文法では先行詞と削除部分との間の「同一性 (Identity)」を基に削除の可否が決定される。この同一性がどのようなものであるのかは，長い間多くの言語学者が取

---

[1] (1b) の例は大阪星光学院高等学校石原健志先生に提供いただいた。ここに記して謝意を表したい。

[2] do は代動詞として捉えられているが，ここでは助動詞として考える。

り組んでいる問題であり依然議論が続いている。したがって，英語教員はただ漠然と「重複しているから省略できる」と教えるのではなく，削除現象に関するその他の経験的事実を念頭におきつつ，削除を容認するメカニズムを理解しておく必要があろう。紙面の都合上，VP-D，GP，P-GPの各構文の派生方法を詳細に分析し検討することはできないが，以下では形態的構造的側面からこれらの構文の背後にある同一性とはどのようなものであるかを中心に考えてみたい。[3]

3. 諸現象の分析

前節でも述べたが，ある要素が省略できるか否かは，その部分が話し手と聞き手の間で共通した内容を復元することが可能であるかどうかによって決定されると考えられてきた。以下では，まずVP-Dについて提案されているある分析を概観し，動詞の形態的同一性から削除構文を認可する条件についてみてみよう。

3.1. 動詞句削除 (VP-Deletion: VP-D)

まず，(2) のVP-Dの例をみてみよう。

---

[3] 生成文法では，大別して二つの派生方法が提案されている。一つは，省略箇所が統語的に存在し，派生のある段階で音声的に削除されるという分析 (Hankamer and Sag (1976), Ross (1969) など) と，もう一つは，省略箇所は空の状態になっており，解釈される際に該当する部分が補われて解釈されてという分析 (Williams (1977)) が提案されている。本稿ではこの二つの分析について詳しく論じないが，前者の分析を支持しておく。

(2) a. Mary will meet Bill at Berkeley because Sue didn't ϕ. (ϕ = meet Bill at Berkeley)

b. I hadn't been thinking about that.—Well, you should have been ϕ. (ϕ = thinking about that)

c. I hadn't thought about it.—Well, you should have ϕ. (ϕ = thought about it)

d. I'm not even thinking about it.—Well, you'd better be ϕ. (ϕ = thinking about it)

e. The trash is taken out whenever it's apparent that it should be. (ϕ = taken out)

f. The skirt has been washed, but it shouldn't have been ϕ. (ϕ = washed)

((a): Lobeck (1995: 23), (b)-(f): Aelbrecht (2009: 185))

(2)の各文では，二つ目の文の動詞句が先行する文のそれとただ単に重複しているという点で，該当する部分が削除されていると考えられる。たとえば，(2a)では，従属節内の助動詞 didn't の後に主節の動詞句 meet Bill at Berkeley と表面上形態的にも全く同じ要素（動詞句）が省略されており，厳密的な同一性が見られる。しかし，いつもこのような同一性が VP-D に関わるとは限らない。次の VP-D の例をみてみよう。

(3) a. John slept, and Mary will ϕ too. (ϕ = sleep)

(Lasnik (1999a: 108))

b. ?John was sleeping, and Mary will ϕ too. (ϕ =

sleep) (Lasnik (1999a: 109))

 c. John has slept, and Mary will ϕ too. (ϕ = sleep)

(Lasnik (1999a: 109))

(3) では，それぞれの文の第2等位項内の削除されている動詞 sleep は，対応する第1等位項の動詞と形態的に異なっているにもかかわらず削除が許されている。したがって，(3) の各例は，(2) の説明で用いた同一性では，その文法性を説明することができない。さらに，興味深い現象がある。

 (4) a. John will be here, and Mary will ϕ too. (ϕ = be here)
   b. *John was here, and Mary will ϕ too. (ϕ = be here)

(Lasnik (1999a: 109))

   c. *John was being obnoxious, and Mary will ϕ too. (ϕ = be obnoxious) (Lasnik (1999a: 110))

 (5) a. *John has left, but Mary shouldn't ϕ. (ϕ = have left)
   b. ?John should have left, but Mary shouldn't ϕ. (ϕ = have left) (Lasnik (1999a: 110))

(4)-(5) の文法性が示すように，削除される動詞句に be 動詞や完了形 have が含まれる場合，それが第1等位項の動詞句と形態的に一致しなければ非文となる。そうすると，(3)-(5) に見られる削除の可否はどのように説明できるであろうか。削除の認可には，どのような同一性が関わっているのであろうか。Lasnik

(1999a) は動詞の形態的派生の点から興味深い考察を行っている。彼によれば，一般動詞は屈折接辞が添加される前に (6) のような動詞の形で独立して現れ，一方 be 動詞や 完了形 have は，(7) のようにそれぞれ屈折接辞が添加された形で統語構造に現れる。[4] (6) の [PAST] と [-EN] は，屈折接辞を表し，動詞がそれぞれの素性により過去形と過去分詞形に変えられる (Lasnik (1999a: 112) を参照)。

(6) a. John [[PAST]+[sleep]], and Mary will [sleep] too. ←(3a)
  b. John was [[-ing]+sleep]], and now Mary will [sleep]. ←(3b)
(7) a. *John [was here], and Mary will [be here] too. ←(4b)
  b. *John [has [-EN+leave]], but Mary shouldn't [have [-EN+leave]]. ←(5a)
    (cf. ?John should [have [-EN+leave]], but Mary shouldn't [have [-EN+leave]]. =(5b))

(6) では，派生のある段階において，先行詞内の屈折接辞が添加される前の動詞と削除される動詞とが形態的に同じ形になる。**構造的同一性**と形態的同一性がみられる。この段階の構造があることを仮定すると，(2) に対する説明と同じ説明が (3) の各文の説明にも当てはまる。一方，(7) では be 動詞や have は屈折が

---

[4] 動詞と接辞は Affix hopping により結合される (Chomsky (1957))。

添加された状態で統語構造に現れるため，動詞句どうしが同一の形態を形成する段階がなく削除が阻止される。このような点から，削除の可否を決定するには，ただ単に「先行する部分と同じ部分を削除する」という説明は必ずしも正確ではなく，多少抽象的ではあるが，接辞が動詞に添加される前のレベルを仮定し，そこでの同一性を基に説明する必要がある。ここまでの議論から，削除に関する同一性条件を以下のようにまとめておく。

(8) 音声的削除は，削除部分が先行詞の対応部分と構造的形態的に同一である場合にのみ許される (cf. Fox (2000), Lasnik (1999a))。

(8) は他の VP-D にも適用できる。一般的に VP-D は，先行詞と削除部分の間で態 (Voice) が一致していない場合，その文法性が落ちると判断される (Hankamer and Sag (1976: 413))。

(9) a. Nobody else would [take the oats down to the bin], so Bill did [take the oats down to the bin].
 b. *The oats had to [be [-EN + take] down to the bin], so Bill did [take the oats down to the bin].

(9a) では先行する動詞句と削除部分のそれが態の点で一致しているが，(9b) では態が異なり動詞句内の構造に同一性が見られない。そのため，(8) を満たさず非文となる。この事実は，同一性にこのような一致までもが関わることを示している。以上，本節では VP-D についてみてきたが，ここでみた条件は他の構文

にはどの程度有効であろうか。以下では，GP と P-GP をみてみよう。

3.2. 空所化 (Gapping: GP)

(10) の GP ではどのような同一性が関わるのであろうか。

(10)　I rolled up a newspaper, and Lynn(,) ϕ a magazine.
　　　(ϕ = rolled up)　　　　　　　　　　　(Levin (1978: 230))

GP は等位接続構造の環境において第 2 等位項の動詞句内の動詞そのものと他の要素が削除され，主語や主に目的語名詞句が削除されずに残される文である。[5] (10) では，動詞 rolled と不変化詞 up が削除され目的語 a magazine が文末に残されている。さらに他の要素が削除されている例もみておこう。GP の残余要素

---

[5] GP は VP-D と異なり従属節内（主節に先行する場合を含む）や発話を跨ぐ場合，阻止される。
　(i) a. *Mary met Bill at Berkely although Sue ϕ at Harvard.
　　　　　　　　　　　　　　　　　　　　　　(Lobeck (1995: 22))
　　　b. *Because Sue ϕ meat, John ate fish.　(Lobeck (1995: 22))
　　　c. *Mary will buy a skateboard. #Yes. Sam ϕ a bicycle.
　　　　　　　　　　　　　　　　　　　　　　(Lobeck (1999: 102))
　(ii) a. Mary met Bill at Berkely although Sue didn't ϕ too.
　　　　　　　　　　　　　　　　　　　　　　(Lobeck (1995: 22))
　　　b. Because Sue didn't ϕ, John ate meat.　(Lobeck (1995: 22))
　　　c. A: John caught a big fish.—B: Yes, but Mary didn't ϕ.
　　　　　　　　　　　　　　　　　　　　　　(Lobeck (1995: 25))
本稿ではこの理由については議論しないが，この違いから両者に別の制約が関わっていることが分かる。その他の例と詳しい分析は，Lobeck (1995), Johnson (2009) を参照してもらいたい。

は目的語名詞句である場合が多いが，動詞句内の前置詞句が残される場合もある。

(11) a. Some have served mussels to Sue and others ϕ_1 swordfish ϕ_2.　　(ϕ_1 = have served；ϕ_2 = to Sue)
   b. Mary wants to buy a skateboard and Sam ϕ a bicycle. (ϕ = wants to buy)
   c. John depends on his wife, and Bill ϕ on his secretary. (ϕ = depends)
   d. Mary met Bill at Berkely and Sue ϕ at Harvard. (ϕ = met Bill)
   ((a): Johnson (2009: 289), (b): Lobeck (1999: 101), (c): Jayaseelan (1990: 74), (d): Lobeck (1995: 21))

一般的に削除は構成素（句範疇）に適用されると考えられている (Lobeck (1995)) が，(11) のように動詞とともに助動詞や動詞と非連続的な位置にある前置詞句が削除される場合もある。したがって，ただ単に「動詞句内部がくり抜かれている」わけではなく，他の「何か」が GP の派生に関わっていることが考えられる。その「何か」はどのようなものであろうか。注目すべきは，削除された後の残余要素には先行詞の対応要素と対比するよう強勢が置かれることである。実際，先行詞と同一の内容を指し対比されない要素は残置されない。

(12) a. Some have served **MUSSELS** to Sue and others (ϕ_1) **SWORDFISH** (ϕ_2).

(ϕ_1 = have served; ϕ_2 = to Sue)

b. *John met Bill and Mary ϕ Bill. (ϕ = met)

(12)のそれぞれの強調要素(目的語)は,一見目的語位置から動いていないようにみえる。しかし,それぞれが対比されているため,それらの要素は聞き手にとって情報量が多く,「重い」要素となるため,「文末焦点の原則」に従うように文末へ動かされその位置で解釈される。この移動操作を**重名詞句転移 (Heavy NP Shift: HNPS)** と呼ぶ。例えば,(13)では名詞句の,(14)では前置詞句の情報量が重いため,それらに HNPS が適用され同じ動詞句内の外側へ付加される。(t は trace (痕跡) を意味し移動した要素が元にあった位置を示す。太字は著者による。)

(13) They [[brought t into the room] **[the man who was being interrogated]**] (Jayaseelan (1990: 65))

(14) a. Mary will [[swim t tomorrow] **[beside Susan]**].

(Lasnik (1999a: 163))

b. John [[counted t for support] **[on a total stranger]**].

(Jayaseelan (1990: 66))

HNPS が GP の生成に関わるとすれば,残余要素には可視的に,対応する第1等位項の動詞句内の要素には不可視的に操作が適用されると仮定する。そうすると,(12a)は(15)のような等位

構造をもつと仮定する。[6]

(15) **SOME** [have [[EN- + serve t_1 to Sue] **MUSSELS$_1$**]] and **OTHERS** [~~have~~ [~~EN- serve t_2 to Sue~~] **SWORDFISH$_2$**]].[7]

(15) の太字部分は，対比強勢が置かれ強く発音される。目的語がHDPSを受けた後，第2等位項のイタリック体で示された範疇が第1等位項の対応する範疇と同一構造を形成するため，(8) の同一性条件を満たし，第2等位項の該当する部分が削除されGPが容認される。

HNPSに依拠したこの分析の特徴は，(11a) のような非連続的要素であっても，移動の結果，構造上一つの構成素が形成され，その構成素に音韻的削除操作が適用されることである。したがってGPにはVP-Dとほぼ同じような構造的同一性条件が関わっていると考えられる。

3.3. 擬似空所化 (Pseudo-gapping: P-GP)

次に，(1c) ((16) として再掲) のP-GPの事例を見てみよう。

(16) She loves me as much as I do φ her. (φ = love)

---

[6] Johnson (2009) は動詞句内主語仮説と2つの等位項の動詞句を等位接続する構造を仮定し，対比される目的語の可視的移動に加え，動詞句の全域的規則の適用により説明を試みている。付加詞が残余要素になる場合の分析については，Johnson (2009) を参照されたい。

[7] (15) の構造では t が指す名詞句はそれぞれで異なるが，ここではこの点は無視しておく。

この構文は動詞が削除され目的語が残されている点では GP と,助動詞が残されている点では VP-D と似ている。P-GP が容認される環境についていえば, P-GP は等位接続された主節内ばかりではなく, 従属節内や発話境界を越える場合にも観察されると言う点で VP-D に似ているが, これらの環境では容認されない GP とは異なる。[8]

(17) a. Sue'll eat dog biscuits, and Neil will ϕ goldfish. (ϕ = eat)
b. I want to date Bill more fervently than Jill does ϕ Ted. (ϕ = want to date)　　　(Levin (1978: 230))
c. Some had eaten mussels and she claims that others had shrimp.　　　(Johnson (2009: 293))

---

[8] P-GP の容認度には英語母語話者によって差があることが報告されている。従属節内部や and に相当する要素が現れない発話境界を超える第 2 節には P-GP を認めない話者もいる。
(i) a. *Mary will buy a skateboard and she thinks that Sam should ϕ a bicycle.　　　(Lobeck (1999: 101))
b. Mary will buy a skateboard. #Yes, Sam will ϕ a bicycle.
　　　(Lobeck (1999: 102))
従属節が主節に先行する場合, GP 同様に P-GP は容認されず, VP-D と異なる振る舞いをみせる。この点からも, 削除現象を統一的に説明することは簡単ではないことがわかる。
(ii) *Because John did ϕ Clinton, Mary interviewed Gingrich.
　　　(Lasnik (1999b: 202))

(18) A: Is she suing the hospital?
　　 B: She is ϕ the doctor. (ϕ = suing)

(Jayaseelan (1990: 64))

さらに (11a) の GP 同様，削除される要素が音声的なまとまりを成していない場合でも，P-GP が容認される。

(19) a. A: Drinks like that knock me over.
　　　 B: They would ϕ_1 me ϕ_2. (ϕ_1 = knock, ϕ_2 = over) (Levin (1978: 230))
　　 b. It doesn't bother Harry that Bill left, but it does ϕ_1 me ϕ_2. (ϕ_1 = bother, ϕ_2 = that Bill left)

(Jayaseelan (1990: 64))

したがって，P-GP にも GP と同様の操作が関わっていることが期待できる。

　では，P-GP は，(8) の下ではどのように説明されるのかを見てみよう。P-GP における残余要素は，GP における残余要素と同様，先行詞と対比され強勢が置かれる。事実，(20) のように残余要素が対比される場合，P-GP を許すが，対比強勢を受けない代名詞を残余要素にした P-GP は容認されない。

(20) A: Is she suing the hospital?

B1: *Yes, she is φ it.[9] / B2: She is φ the doctor.

(Jayaseelan (1990: 64-65))

この事実から，P-GP の残余要素にも HNPS が適用されていることが考えられる。この仮定は他の事実からも支持される。HNPS について，(21) の句動詞を例にみてみよう。(21e) のような擬似受動態を許す前置詞を含む句動詞 (count on) の目的語に HNPS を適用する場合，(21b) のように前置詞随伴を義務的とするが，P-GP においても同様に前置詞随伴を必要とする (21d)。

(21) a. John counted on a total stranger for support.

b. John counted for support on a total stranger. (= (14b))

c. *John counted on for support a total stranger.

d. You can't count on a stranger; but you can *(on) friend.

e. A total stranger was counted on for support.

(Jayaseelan (1990: 64-66))

この事実により，P-GP においても残余要素は HNPS を受けて

---

[9] B1 の非文法性は残余要素が文脈上，対比強勢を受ける対象になるか否かが関わっている可能性がある。Lasnik (1999a) は，先行文の the hospital に相応する要素 it は，B1 の環境では現れないことを指摘している (cf. (12))。

(i) A: Is she suing the hospital?

B3: *Yes, she is φ the hospital. (Lasnik (1999a: 154))

いると仮定すると（16）は以下のような構造をもつ。[10]

(22) She [PRESENT] [[love t_1] **ME**$_1$] as much as I [PRESENT (=**DO**)] [~~love t_2~~] **HER**$_2$].

(22)は，動詞が屈折接辞が添加される前の状態で導入されたのち，それぞれの目的語が HNPS を受け動詞句の外側へ右方付加され対比強勢が置かれた構造である。この段階でそれぞれの動詞句が構造的にも形態的にも同じものとなり，同一条件を満たす。その結果，動詞 love が削除され，屈折接辞 [PRESENT] は添加されず助動詞 do として具現化されることにより，P-GP が派生される。

ここまで見てきたように，削除構文は，ただ単に重複した部分を省略することにより産出されるわけではなく，抽象的な統語構造における構造的形態的同一性により意味的重複が保証されることによって生成される。これまで見てきた同一性は，削除に関わるその他の興味深い事実も説明できる。次節では，VP-D に見られるその他の事実を観察し，構造的同一性から削除構文における意味的同一性について考察する。

---

[10] Lasnik (1999a: 158) は，残余要素には HNPS が関与していない可能性を指摘している。(21) と同様に，擬似受動文を許す句動詞 speak to に後続する目的語の HNPS は阻止されるものの (ib)，(21) とは異なり前置詞を伴わない P-GP は容認される場合がある。句動詞のより細かい分析が必要である。
 (i) a. Bill was spoken to by John.
    b. *John spoke to yesterday the man he met at the beach.
    c. John spoke to Bill and Mary should Susan. (P-GP)

4. 削除における意味の同一性

本節では，意味的曖昧性をもつ文から削除構文を認可する同一性には，意味に関連した構造的同一性が関与し，削除構文での意味解釈が決定されること示す。次の VP-D の例をみてみよう。

(23) Mary wants to catch a fish, and John does φ, too. (φ = want to catch a fish) (Lasnik (2010: 231))

(23) の等位接続された第 1 等位項には，want と不定名詞句の間にある相対的作用域の関係から，次の 2 通りの解釈がある。

(24) a. There is a certain fish that Mary wants to catch. (a fish > want to catch)
 b. Mary hopes her fishing is successful. (want to catch > a fish) (Lasnik (2010: 231))

削除を含む第 2 等位項が第 1 等位項と同様の動詞句を持つと仮定すると，それぞれの等位項に (24) の意味的曖昧性が含まれるため，(23) は論理的に 4 通りの意味解釈を持つと予測できる。しかしながら，実際は等位接続された両節は，(24) のどちらかの意味で平行的に解釈される場合のみ削除が容認される。両動詞句を平行的に捉えた場合，それぞれの動詞句は以下の構造をもつ。

(25) a. [a fish [Mary [wants to catch ___]]]/[*a fish* [John [*wants to catch*]]] (a fish > want to catch)

b. [Mary [wants to catch a fish]] and [John [~~wants to fish a fish~~]] (want to catch > a fish)

同一条件のもとでは，(23) の第 2 等位項の動詞句 wants to catch a fish は，(23) が (25) のいずれかの構造を持つ場合にのみ削除が可能となる。つまり，(23) の解釈は「メアリーに釣りたいと思っている魚があり，ジョーンにも釣りたいと思っている魚がある。」という解釈か，「メアリーは魚を（最低でも一匹）釣りたいと思っていて，ジョーンも魚を（最低でも一匹）釣りたいと思っている。」という解釈のいずれか 2 通りに限られる。この事実は，削除構文において構造的同一性を維持する必要性が相対的な意味をも決定し，削除部分に意味的同一性があることを示している。

さらに VP-D の先行詞に代名詞が含まれる例をみておこう。

(26) Harold scratched his arm and so did I. (Ross (1969: 268))

(26) では，第 1 等位項の動詞句内に主語 Harold と解釈される代名詞 his が含まれている。同一性条件から助動詞の倒置を伴う第 2 等位項の VP-D 内に第 1 等位項と同じ動詞句が含まれるとすると，問題となるのは，その中の代名詞は誰を指すかである。(26) は「ハロルドは自分の腕を掻き，また私もハロルドの腕を掻いた」という厳しい解釈（strict reading）と「ハロルドは自分の腕を掻き，私も自分の腕を描いた」というゆるい解釈（sloppy reading）をもつ。VP-D におけるこの 2 通りの解釈はどのよう

に生み出されるのか。これまでみてきたように，このような事実にも同一性が関与している。まず，前者の解釈は，一つ目の動詞句内の Harold と同一指示を受けた代名詞をもつ動詞句が，そのまま二つ目の動詞句にも構築され，両者で厳密的な同一性が成立することによって可能となる（(27a)）。これは，これまで見てきた条件下で説明ができるため特に問題はない。一方，後者の解釈に関しては，少し「作業」が必要となる。まず，第1等位項の動詞句内で his は指示対象が定まっていない代名詞として機能する要素 X（変項（variable））に置き換えられる。その変項 X は解釈規則によって最終的に誰をさすのかが決定される。この解釈の定まらない X をもつ動詞句が第2等位項の動詞句にも構築され，同一条件を満たし削除が認可される（(27b)）。第1等位項と同じ解釈規則が第2等位項でも適用され，X_1 は Harold に，X_2 は I (my) にそれぞれ適切に解釈される。(26) の曖昧な二つ解釈はそれぞれ以下のような構造に起因する。

(27) a. Harold [PAST] [scratch his$_{(Harold)}$ arm] and I did [~~scratch his$_{(Harold)}$ arm~~].（厳しい解釈）
b. Harold [PAST] [scratch X_1's arm] and I did [~~scratch X_2's arm~~].（ゆるい解釈）

(X_1 = Harold, X_2 = my)

(26) には代名詞の指示対象に関する曖昧性がみられるものの，その曖昧性は限定的である。その背後には，削除に関わるより抽象的な構造的意味的同一性が存在し，その同一性と解釈規則が代

第5章 見えない部分を生み出す文法　101

名詞の解釈を決定している。

　これまでみてきた同一性を満たそうとすると解釈が困難になるように思えるが，実際は適切に解釈される削除現象が観察されている。次の例では何が削除されているだろうか。

(28)　Henry [read every book that Kelly did [φ]].

(28) は，助動詞 did を残しその後の動詞句が削除されているため，VP-D と同じにみえる。削除に関する同一性がこの文にも関わっているのであれば，第1等位項の動詞句と同じ構造がφの部分に存在することが考えられる。そうすると，(28) は以下のような構造をもつことになる。

(29)　Henry [_動詞句1_ read every book that Kelly did [_動詞句1_ read every book that Kelly did [_動詞句2_ φ]]].

しかし，これだと削除されていると考えられる動詞句（φの部分）に解釈があたえられず無限に意味が決定されないように思える。それにもかかわらず，(28) は以下のように解釈される。このような削除構文は先行詞内削除（Antecedent Contained Deletion: ACD）と呼ばれている。

(30)　Henry [_動詞句1_ read [every book] that Kelly did [_動詞句2_ read ___]].

では，(28) に対してはどのように同一性を捉えるべきであろうか。ある分析によると，以下のようにまず数量詞 every を含む

目的語全体が第1等位項の動詞句の上に付加される (Fox (2000), May (1985) 他)。

(31) a. Henry [動詞句1' [目的語 [every book] that Kelly did [動詞句2 read ___] [動詞句1 read ___]]

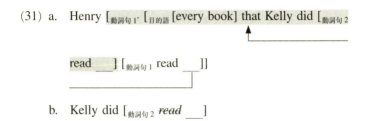

b. Kelly did [動詞句2 *read* ___]

このような数量詞を含む目的語全体が移動した結果，削除されている動詞句2は動詞句1と同一の構造をもつようになり，ACDが作り出される。[11] 同一性がこのような複雑な操作を経て満たされることをみると，削除に関する認可条件を明らかにするのは極めて困難であることがわかる。

5. その他の削除に関わる条件

これまで構造的・意味的な点から同一性について見てきたが，削除現象を捉えるにはそれだけではまだ不十分であり，その他にも削除を認可する条件が必要であるようだ。次の例を見てみよう。

---

[11] ACD は，削除構文は構築された統語構造が削除されることによって表面に現れ解釈されているのではなく，削除されているは，もともとなく空の部分に解釈時に先行詞の意味が補われることによって作り出されている可能性を示唆している。

(32) a. One of the linguists [was going to the Leap Day party], but no one told me who [*was going to the Leap Day party*].

    b. *[One of the linguists was going to the Leap Day party], but no one told me that [*one of the Linguists was going to the Leap Day party*].

(Aelbrecht (2009: 94))

(32a) は間接疑問文削除（Sluicing）と呼ばれる削除構文である。(32a) では，間接疑問文内の疑問詞 who が残され，その後に続く第1等位項と対応する要素が削除されている（詳しくは本書コラムを参照）。一方，(32b) では補文標識 that 以下の節が第1等位項と同一の節であるにもかかわらず，削除が阻止されている。この事実は，削除を認可するには該当する部分の解釈を復元するために必要とされる同一性や平行性に加えて，特定の統語構造の削除のみを許す独立した条件も必要であることを示している。つまり，同一性条件を満たしていれば，削除操作が常に適用できるわけではないことがわかる。削除を認可する他の統語的条件についても興味深い考察が多く提案されており，どのようなメカニズムが働いているのかさらに詳しい研究が必要である。

6. まとめ

本章では，VP-D や GP，P-GP を中心に削除構文がどのよう

に生み出されるかを概観した。削除の認可には、抽象的な同一構造だけでなく、その他の統語的操作や認可条件も関わっていることを示した。削除構文は、「単に重複した部分があるから、具現化されずに削除される」と捉えることは不十分であることが分かっていただけたであろうか。本章で示したような抽象的構造や一般化をそのまま教室で教えることは必要ないであろう。しかし、言葉には見えない極めて抽象的な構造があることを教員が理解しておくことが重要である。本章で示した同一性には合致しない事実も多く観察され、今後さらに深い考察が必要であることはいうまでもない。英語教員が事実の背後に潜む規則を探究し続け、うまく咀嚼し授業に導入すれば、学習者を言葉そのものの理解に導くことができるであろう。

コラム

「削除」が「違反」を帳消しにする？

削除構文の中には、次のような間接疑問文削除（Sluicing）と呼ばれる極めて奇妙な振る舞いをする構文がある。

(1) Somebody has been stealing our flowers, but I don't know who φ.　　　　　　　　　　　　　　　（近畿大）
 （φ = has been stealing）

(1) では、不定名詞句 somebody が第一等位項に現れ、それに対応する wh 句 who が第二等位項の間接疑問文内の要素として

置かれその後に続く has been stealing が削除されている。一般的に，この構文は，wh 句が埋め込み文の左端に疑問詞（wh）移動した後，間接疑問文の残りの部分が削除され作り出されると考えられている。

　そうすると，(1) のような who の後に単文が後続する場合は特に問題がないが，(2a) のような内部に複合名詞句が含まれる場合は注目に値する。(2a) では，some me に対応する wh 句 who が the claim をメインとする複合名詞句から抜き出され，間接疑問文が作られたあと，それ以下の要素（イタリックの部分）が削除されている。しかし，ここで不思議なことが起こる。通常，(2b) のように wh 句が複合名詞句から抜き出されることは，要素の移動に課せられる「ある制限」により阻止される。複合名詞句部分を太字にしてある。

(2) a.　I believe **the claim that he bit someone**, but they don't know who [*I believe the claim that he bit t*].
　　b.　*Who do you believe **the claim that he bit** *t*?

では，もし間接疑問文内で wh 句が移動した後に，それ以下の要素が削除されるのであれば，(2a) では，wh 句がどのようにして複合名詞句内から抜け出し，(2a) の元となる間接疑問文がつくりだされるのであろうか。ある分析によると，wh 句は間接疑問文内で移動する際に，上述の「ある制限」の違反を犯しながら移動するものの，その後に問題となる複合名詞句を含む節が削除されることにより，その違反が帳消しされ，(2a) が生み出されると説明されている。

　この間接疑問文削除の存在は，John Ross によって 1969 年に

指摘され,ここで紹介した例以外にも興味深い事実が数多く観察されている。これに限らず,統語規則の違反が削除によって帳消しにされていると思える事実は,他にも発見されており,現在ではミニマリスト・プログラムと呼ばれる生成文法の枠組みに基づいて,多くの研究者がその実態の解明に取り組んでいる。

第 6 章

使用頻度から見た英語表現
―― 接続詞becauseと人称代名詞の所有格形one'sを例に ――

西脇 幸太

1. はじめに

本章では，使用頻度の観点から英語表現を考察し，発信力向上に資する視点を提供するとともに，学習者への例文提示の際にどのような点に留意する必要があるかを論じる。ここでは使用頻度に焦点を当てるが，使用頻度はあくまでも英語表現を捉える上での一つの尺度である。例えば，ある言語資料に，それがどれだけ大規模であっても，該当する例が1例もない場合も十分に考えられる。しかしながら，その言語資料において該当例が皆無であるからと言って，直ちにその表現が非文法的となるわけではないし，まったく自然であるということもあり得る。したがって，使用頻度を表面的に捉えるだけではなく慎重に議論を進める必要がある。

以上の点に留意しながら，本章ではまず，接続詞 because を例に，because と相性の良い語およびパターンについて観察し，表現力向上につなげる視点を提示する。次に，人称代名詞の所有格形を one's とまとめて表記することの危険性について述べ，自然な言語産出に資する視点について議論する。また，随時，例文提示の際の留意点についても述べる。

2. 語と語／語とパターンの相性：because を例に

本節では，because を例に，ある語を使いこなすためには，その語がどのような語やパターンと共に使われやすいか，という視

点を持つことが重要であることを示す。

2.1. ⟨not because ... but because ～⟩

　約10億語の現代アメリカ英語からなる言語資料であるCOCAを用いてbecauseの直前に来る語を調査してみると，さまざまな特徴に気づくことができるが，その一つとしてbutやnotが高頻度で上位に生じている点に気がつく。例文を観察すると，無論，butとnotが個別にbecauseと共起することもあるが，⟨not because ... but because ～⟩（「... という理由ではなく～という理由だ」）という形でよく使われることがわかる。つまり，becauseという語はnot A but Bのパターンと相性が良いと言える。⟨not because ... but because ～⟩という表現の組み合わせがよく使われることを知っておくことで，becauseという語を使いこなすことにつながる。しかしながら，because単独，あるいは⟨not A but B⟩というパターンそのものは，それぞれよく知っていても，それらが組み合わされて高頻度で使用されるということには意識が向きにくいかもしれない。学習者がこのような視点を得るには，教授者の適切な指導が鍵を握る。今回の⟨not because ... but because ～⟩のような個別の例のみならず，語と語あるいは語とパターンには相性の良いものがあるという視点を与え，辞書等を適切に参照することでこのような情報が得られる，ということを学習者に示すことは重要である。例えば，使用頻度を重視した学習英和辞典である『ウィズダム英和辞典　第4版』（以下，『W4』と略記）（becauseの項）では，以下のような用例が掲載され

ている(強調は原典のまま)。

(1) Most people do it ***not because*** they have to, ***but because*** they like to.
(ほとんどの人は,そうしなければならないからではなく,そうしたいからするのだ[。])

ここで,(1)の例文中の「太い斜字体」に着目する。『W4』(p. x)には「頻出するコロケーションや日常会話でよく用いられる定型表現については,太い斜字体で示す」という説明がある。したがって,『W4』は〈not because ... but because 〜〉が高頻度であるという事実観察を例文に盛り込んでいることになる。これは筆者が COCA を用いて行った調査の結果と一致しており,(1)の例は使用頻度の観点から適切なものであると言える(ウェブサイト上のページからなる約140億語の言語資料である iWeb を対象とした調査でも,同様の結果が得られている)。because と〈not A but B〉の組み合わせが高頻度であることを知らなければコミュニケーションが成立しない,ということはないが,このような語とパターンの相性の良さに関する情報を知ることで,表現力を向上させることができる。

2.2. 〈副詞+because〉

because の直前に生じる語について特筆すべきは,but や not が高頻度で現れることの他に,副詞が前位される例の頻度が高いことである。例えば,滝沢(2006: 82)は〈副詞+because〉の組

み合わせとして，以下の (2) を指摘している（滝沢 (2017) も参照）。

(2) partly because ...（理由の一つは ... だ），mainly/largely/mostly because ...（主な理由は ... だ），primarily because ...（第一の理由は ... だ），probably because ...（おそらく理由は ... だろう），perhaps/possibly because ...（ひょっとすると理由は ... だろう），simply because ...（単に理由は ... だ）
(滝沢 (2006: 82))

(2) のような事実を心得ておくことで，表現力向上につながる。教授者としては適宜，示すべき内容である。また，『W4』（because の項）には以下の例がある（強調は原典のまま）。

(3) He said it ***partly because*** he really did feel it, ***and partly because*** he wanted to please her.
（彼がそう言ったのは，ひとつには本当にそう感じたから，またひとつには彼女を喜ばせたかったからだ [。]）

前半の partly because と後半の and partly because が「太い斜字体」になっている点に注目されたい。さらに，『W4』の partly の項を引くと以下の例が挙げられている（強調は原典のまま）。

(4) I'm healthy ***partly because*** I run every morning.
（なぜ健康かというと，ひとつには毎朝走っているからだ [。]）

『W4』が partly の項においても because と共起した例を挙げ，

さらに partly because の箇所を「太い斜字体」にしていることから，partly という語にとっても because は重要な語であることがわかる。事実，COCA で調査をすると partly の直後に生じる語としては because が首位である。例えば，because の項を引いて，partly because という組み合わせが高頻度であることがわかったら，次には，partly の項を引き，partly の側からも because は重要な語であることを確認する，という習慣は表現力向上に役立つ。解釈が容易であれば，辞書を引くというところまで行き着かない可能性があるが，一見，容易と思われるような語こそ使い方を十分に把握することで，表現力向上につながる。その語を使いこなすという視点のもと，辞書を十分に活用するよう指導することが肝要である。

　さて，partly because ... は，(3) のように and partly because 〜 が後続して複数の理由を対等の資格で述べることができるが，言語事実を観察すると，この他にもさまざまな組み合わせがあることがわかる。例えば，〈partly because ... but mainly because 〜〉のように but mainly because 〜 を後続させて，主たる理由を明示することができる。また，partly の部分を複数，続け，〈partly because X and partly because Y, but mainly because Z〉のようにすることもできる（西脇 (2021c) 参照）。さらには，(1) で観察した 〈not because ... but because 〜〉と -ly 副詞が組み合わさった 〈not simply because ... but mainly because 〜〉のような表現も可能である。以下は，英語母語話者提供の用例である（下線および和訳は筆者）。

(5) a. I would love to learn to ski, partly because I love the snow, but mainly because I want to spend more time with my friends.

（スキーができるようになりたいのは，ひとつには雪が大好きだからだが，主な理由は友達とより多くの時間を過ごしたいからだ。）

b. He wants to get a college scholarship partly because his best friend just got one and partly because his grades and test scores are the highest in the school, but mainly because his family cannot afford the tuition.

（彼が大学の奨学金を欲しがっているのは，ひとつには親友が奨学金を得たからであり，もうひとつには彼の成績や試験の得点が校内で首位だからである。しかし，主な理由は，彼の家族が学費を支払う余裕がないからだ。）

c. I really want to learn to cook, not simply because it is an important skill, but mainly because it would be healthier and cheaper.

（私は是非，料理ができるようになりたいと思っているが，それは単に料理ができるということが重要なスキルだからであるという理由だけでなく，そうすることで，より健康的でより費用がかからなくなるだろうというのが主な理由である。）

2.3. 2節のまとめ

本節では because を例に，ある語を使いこなすための視点を語とパターンの相性，および語と語の相性という観点から提示した。具体的には，〈not A but B〉というパターンや partly や mainly などの副詞と適切に組み合わせることで，表現力向上につなげられることを示した。

3. レマ化の危険性：one's を用いた表現を例に[1]

3節では，ある語の活用形（屈折変化）を辞書形にまとめ上げる（レマ化する）ことの危険性について論じる。この問題は，使用頻度の観点から英語表現を観察することで，より明快に議論することが可能となる。

例えば，動詞 play は，主語が3人称単数で現在時制であれば，接尾辞 -s をつけ plays とする。過去時制であれば -ed をつけ played とする。形容詞 tall であれば，比較級の場合は，-er をつけ taller に，最上級の場合は -est をつけて tallest にする。これらの play, plays, played と tall, taller, tallest は，それぞれ「同じ1語」とみなされるのが一般的である。英語学の概論書では，屈折は一つの単語の文脈の中での役割に応じた変化であって，たとえ形が変化しようとも同じ一つの語と見なす，という記述がされるのが通例である。辞書形であろうが，活用形であろうが，共

---

[1] 本節は，西脇 (2023) の一部に加筆したものである。

起する語やそれらが使用される環境がそれほど変わらない，ということであれば，同じ1語と見なしてレマ化すること自体は問題ないだろう。しかしながら，ある語のある活用形について，顕著な特徴があるのであれば，辞書形と同列に扱うことは妥当ではないかもしれない。Stubbs (1996: 38) は "Not only different words, but different forms of a single lemma, have different grammatical distributions." と述べ，ある語をレマ化することの危険性について指摘している（同様の指摘については，Kjellmer (1991: 126), Stubbs (2002: 24), 滝沢 (2006: 184-185) も参照）。[2] 以下，人称代名詞の所有格形 (my, our, your, his, her, its, their) を one's とまとめ上げることの危険性について論じる。具体的には〈To one's＋感情を表す名詞〉と〈To (the best of) one's knowledge〉を取り上げ，両表現ともに my が顕著に現れること，および2人称・3人称の出現傾向については表現ごとで異なることを示す。

3.1. 〈To one's＋感情を表す名詞〉

〈To one's＋感情を表す名詞〉について，以下の総合英語（学習参考書）では，表1のように提示されている（下線は筆者。太字に

---

[2] レマ化の危険性に関連して，滝沢 (2016) ではコーパス処理の観点から有益な議論が展開されている。また，日本語を対象にしたレマ化の危険性については，滝沢 (2007) を参照されたい。例えば，滝沢 (2007: 66) は，日本語の「元をただす」という動詞句は「元をただせば」のようにバ形のみで使用されることを指摘している（「*元をただした」，「*元をただそう」）。

よる強調は原典のまま。各例の和訳は省略。一部，提示方法に変更を加えている。各総合英語の正式名称は，巻末の参考文献を参照されたい）。いずれの総合英語でも one's という表記である。

『BT総合2』 (p. 506)	[例文] **To** my surprise, he won the race. [略]「（人が）...したことには」 **to one's joy / sorrow / disappointment** など，... の部分には感情を表す名詞がくる。[略] [例文] **To his parents' disappointment**, he lost.
『CC総合』 (p. 613)	〈to one's +感情を表す名詞〉で「... が～したことには」という文修飾の副詞句になる。 [例文] **To my** (great) **surprise** [((かたく)) Much **to my surprise**], he suddenly handed in his resignation. to one's astonishment / to one's disappointment / to one's dismay / to one's regret / to one's shock / to one's sorrow / to one's surprise
『G総合2』 (p. 552)	[略]〈to one's +感情を表す名詞〉（人が～したことには）も結果を表す表現である。 [例文] **To my surprise**, she objected to the plan. この表現でよく使われる名詞には次のようなものがある。 amazement, delight, dismay, joy, regret, relief, surprise

表1：総合英語における〈To one's +感情を表す名詞〉の提示方法

「感情を表す名詞」にはさまざまな語が生じるが，ここでは，『BT 総合 2』に掲載されている surprise, joy, sorrow, disappointment を観察対象とする。また，文修飾の用法に可能な限り限定するために，〈To one's＋感情を表す名詞〉の To は大文字の T で始まるものを検索対象とする。以下，iWeb において，以下の表現の one's の位置に生じる人称代名詞の所有格形（my, our, your, his, her, its, their）がどの程度の頻度で生じるのかを示す。括弧内の数字は頻度を表している。

(6) 〈To one's surprise〉
 <u>my (6,894)</u>, our (1,132), his (968), their (593), her (573), your (123), its (6)

(7) 〈To one's joy〉
 <u>my (50)</u>, our (10), his (9), her (5), their (5), your (3), its (0)

(8) 〈To one's sorrow〉
 <u>my (12)</u>, our (4), their (4), his (2), your (1), her (0), its (0)

(9) 〈To one's disappointment〉
 <u>my (192)</u>, our (41), his (34), her (22), their (21), your (4), its (0)

以上の結果から，〈To one's＋感情を表す名詞〉における one's については，my が最も高頻度であることがわかる。一方で，1

人称と 3 人称に比べ, 2 人称は低頻度である (西脇 (2021a) 参照)。[3]

ここで,〈To one's + 感情を表す名詞〉の one's には, なぜ 2 人称が生じにくいのかを考える。驚きや喜びなどの感情というものは, 通例, 自分自身 (1 人称) のことでなければわからない。あるいは, 小説等で語り手が登場人物 (3 人称) について客観的に描写する際に使用することもある。[4] しかしながら, 眼前にいる聞き手 (2 人称) の感情を述べるということは限られた場面でしか起こらない。このことは感情に限らず,「疲れ」などの状態についても同様の議論が可能である。安井 (1995: 14-15) は, you feel tired (あなたは疲れていると感じている [安井訳]) という表現について, 以下のように述べている。

> こういう表現は, 一般に, 英語にも日本語にもないものである。我々普通の人間は, 相手の外見から, 相手が何を感じているか見抜き, 断定する能力はもっていない。自分の心にはっきり感じていることは, そのまま表現できる。だから, 1 人称単数主語で, I feel tired. (ぼくはくたびれたよ。) というのは全く自然である。2 人称の場合も, look を用いて, You look tired. (疲れていらっしゃるようね。) と

---

[3] 無生物を指示対象とする its の頻度が皆無あるいは極めて低いが, これは「感情を表す表現」であるため当然の結果と言える。

[4] COCA で〈To {his/her/their} surprise〉が生じるジャンルを調査すると, 圧倒的に Fiction が高頻度であることがわかる。なお, COCA は以下の 8 つのジャンルに細分化される: Academic, Blog, Fiction, Magazine, Newspaper, Other web, Spoken, TV / Movies (詳細は, https://www.corpusdata.org/coca2020.asp を参照されたい)。

言うのは,問題がない。が,You feel tired. と断定すると,人の心の中へ入って,そこの状況を見てきたような言い方となる。だからお医者さんなら,用いるチャンスがあるかもしれない,ということにもなる。[5]

　以上,〈To one's＋感情を表す名詞〉において your や its が低頻度であることを観察した。しかしながら,your や its が低頻度であるからと言って,本稿では,表1で見た総合英語の one's という表記に修正を求めているわけではない。学習者に〈To one's＋感情を表す名詞〉を提示する際には,To Jake's surprise のような人称代名詞の所有格形以外が生起する場合も考慮し,one's という表記が妥当であると考えるが,one's と表記したとしてもどの人称も同程度に出現するわけではないことを念頭に,2人称が低頻度であることを教授者が十分に意識しておく必要がある。授業を行うに当たっては,one's の表記方法を検討するより例文提示の際に my を中心にすることや,明示的に2人称の your は生起しにくいということを伝える方が現実的であると考

---

[5] 安井（1995: 15）は You feel tired. について,「相手の言ったことばを,いわばおうむ返し的に用いる場合」は例外的に使用することが可能であるとしている。例えば,You feel tired because you've worked hard. の解釈は「あなたは一生懸命働いたから疲れたと感じている。」ではなく,相手が I feel tired. と言ったときにそれを受けて「君がくたびれたと感じているのなら,それはがんばったせいだよ。」となる。安井は「You feel tired の部分は前提をなす部分であるから,真に相手に伝えたい新情報の断定部分は,because you've worked hard の部分であることになる」と述べている（詳細は,安井（1995: 14-15）を参照されたい）。

える。学習の段階によっては，先述の you feel tired などの表現と関連付けて提示すると良いだろう。

さて，読者の中には，低頻度ではあるものの〈To one's surprise〉の one's の位置に your が生じる例とは一体どのようなものか，と興味を持たれた方もいらっしゃるだろう。ここで少し，英語学的な観点から To your surprise が生じる例について考察する。例えば，COCA には以下のような例がある（強調および和訳は筆者）。

(10) [...] Let's pretend you have a car. You wake up, eat a breakfast, maybe take a shower. Then you head for your car. **To your surprise**, the tires are punctured. You have only one hour to get to your work or your boss will kick you out. To make things worse, you don't have any money in your wallet. [...]
（あなたが車を持っているとしよう。目覚めて，朝食を取り，シャワーを浴びるだろう。それから車に向かう。驚いたことにタイヤがパンクしている。仕事までに1時間しかない。間に合わなければ上司はあなたをクビにするだろう。さららに悪いことには，財布にお金がまったくない。）

(COCA, Blog, 2012)（西脇 (2024) も参照）

ここで注目すべきは，To your surprise で始まる文の前後の文脈において，主語が一貫して you であることである。you について述べた文脈であることが To your surprise の生起を自然なも

のにしていると考えられる。無論，このような内容は学習者にとっては優先して提示されるべきものではないだろうが，学習段階の進んだ学習者にとっては有益な視点となるだろう。

ここからは，iWeb に基づき〈To one's＋感情を表す名詞〉を以下の3点からさらに掘り下げる：[A] To my の直後に現れる「感情を表す名詞」，[B] To my surprise の my と surprise の間に現れる語，[C] to my surprise の直前に現れる語。いずれも文頭に生じる場合に限定して調査する（以下の処理結果において，括弧内の数字は頻度を表している。また，本調査の対象にならない非該当例は適宜，削除して示している）。

[A] **To my の直後に現れる「感情を表す名詞」**

surprise（6,894），amazement（770），delight（702），dismay（482），horror（387），astonishment（300），shock（225），relief（216），disappointment（192），pleasant（150）（頻度150以上）

surprise が圧倒的に高頻度であることがわかる（西脇（2021b）も参照）。上記の語の他に，great や utter などもこの位置に現れるが，これらは感情の程度を強調する際に用いられる語である（以下の [B] も参照）。

[B] **To my surprise の my と surprise の間に現れる語**

great（252），pleasant（149），complete（59），utter（58），greatest（42），own（34），big（28），happy

(15), absolute (11), total (10), immense (8), intense (8), considerable (7), shocked (7), slight (7), utmost (6), extreme (5), very (5) (頻度5以上)

[C] to my surprise の直前に現れる語

<u>Much (1,410)</u>, But (379), And (265) など

〈To one's + 感情を表す名詞〉の表現パターンとしては Much のみが関係する(繰り返すが,これは文頭を想定したものであるため,大文字に限定しなければ結果は変わってくる)。なお,『W4』(surprise の項)には用例として "***much to my surprise*** ≒ to my great surprise(私がひどく驚いたことには)" が挙がっている。"***much to my surprise***" のみが「太い斜字体」になっているが, iWeb での調査結果からすると〈To my great surprise〉より〈Much to my surprise〉の方が遥かに高頻度であり,使用頻度の観点から前者のみ強調するのは妥当であると言える。

3.2. 〈To (the best of) one's knowledge〉

次に〈To (the best of) one's knowledge〉について議論する。総合英語では,表2のように提示されている(下線は筆者。太字による強調は原典のまま。各例の和訳は省略。一部,提示方法に変更を加えている)。

『BT総合2』 (p. 506)	**...に至るまで**：範囲・程度を表す。［略］ **to the end, to the best of <u>one's</u> knowledge** などがある。 ［例文］**To the best of my knowledge**, that tower will be the tallest in the world when it is completed.
『CC総合』 (p. 300)	［「最上級を使った間違いやすい比較の表現」という大項目の中の「その他の関連表現」として］**to the best of <u>my</u> knowledge** ［例文］**To the best of my knowledge**, his first book was published in 2003.
『G総合2』 (pp. 552-3)	**範囲・限度**（〜まで）［略］ to the best of 〜 は「〜（能力・知識など）の限りでは」という意味の慣用表現である。 ［例文］**To** (the best of) my knowledge, he is honest and reliable.

表2：総合英語における〈to (the best of) one's knowledge〉の提示方法

以下，〈To (the best of) one's knowledge〉について，iWebを対象にして観察する（〈To one's＋感情を表す名詞〉の場合と同様に，文頭に生起する例に限定して議論を進める）。(11) は the best of が現れる場合で，(12) が現れない場合である。

(11) 〈To the best of one's knowledge〉
<u>my (2,480)</u>, our (1,188), your (98), his (19), their (7), its (5), her (3)

(12) 〈To one's knowledge〉

my (5,849), our (1,957), your (113), his (77), her (27), their (20), its (4)

　首位は〈To one's＋感情を表す名詞〉の場合と同様に my である。この点で,『CC 総合』が my に限定して提示している点には頷ける。しかしながら, 第 2 位の our も高頻度で出現することがわかる。(11)(12) の結果は, 1 人称か 2 人称・3 人称かという人称の問題だけでなく, my なのか our なのかという単数・複数の数の議論も焦点となり得ることを示唆している。つまり, 1 人称単数の my に限定してしまうと 1 人称複数の our の使用については言及できなくなってしまう。さらに,〈To one's＋感情を表す名詞〉では 2 人称は低頻度であったが,〈To (the best of) one's knowledge〉では首位の my, 第 2 位の our に続くのは, 頻度は大きく下がるが 2 人称の your である。〈To one's＋感情を表す名詞〉の場合とは異なり,〈To (the best of) one's knowledge〉では 3 人称も低頻度である (its については, いずれの表現でも低頻度である)。〈To one's＋感情を表す名詞〉の場合と同様に, 例文提示の際には my を中心とすること, および 3 人称が低頻度であることなどを明示的に伝えることができるだろう。

　首位の my については総合英語に具体的な例文があるが, 例えば your の例とはどのようなものであろうか。以下では, To your knowledge を観察してみよう。COCA で To your knowledge（To の T は大文字に限定）が生起する例を調べてみると，後続する文はほぼすべてが疑問文であることがわかる（環境が変われば，結果も変わり得ることには注意が必要）。以下に例を挙げる（強調および和訳は筆者）。

(13) a. <u>To your knowledge,</u> what happened?
   （あなたの知る限りでは，何があったのですか。）
   (COCA, Spoken, 2004)

   b. <u>To your knowledge,</u> did they ever stay at the same motel?
   （あなたなの知る限りでは，彼らはこれまでに同じモーテルに滞在したことがありますか。） (COCA, TV, 1997)

   c. <u>To your knowledge</u> he's not using drugs at this time?
   （あなたが知る限りでは，彼は現時点で薬物を使っていませんか。） (COCA, Movie, 1990)

以上の観察から，〈To one's knowledge〉の one's に生じる代名詞の人称が異なることで，文のタイプにも影響が出ることがわかる。先に述べた To your surprise と同様に，To your knowledge も，学習者には他の項目に優先して提示されるべきものではないだろうが，やはり英語をよく知るという点からは興味深い事実であると言えるだろう。

3.3. 3節のまとめ

本節では，レマ化の危険性について one's を例に論じた。

one's という表記から学習者はどの人称でも等しく使用される，と理解するかもしれないが，実際には人称による偏りがある（場合によっては，単数複数という数の議論も必要になる）。例文提示の際には，人称（あるいは数）に関わる情報を教授者が適切に学習者に伝え，自然な英語産出につなげることが肝要である。

4. まとめ

本章では，使用頻度の観点から，語と語の相性，あるいは語とパターンの相性を意識することで英語表現力の向上につながることを，because を例に挙げながら述べた。加えて，レマ化することには危険性が伴うことを人称代名詞の所有格形 one's を例に示した。また，これらの議論を踏まえ，学習者に例文を提示する際には教授者が適切に情報を追加することの重要性について論じた。

> **コラム**

コーパス使用の出発点

筆者（西脇）は，2016年7月からの約2ヶ月間，あるプログラムに参加するために米国・コロラド州に滞在し，デンバー大学に通学していた。メインのプログラムの内容はもちろんためになるものであったが，バスの中の注意書きや道端にある看板，スー

パーマーケットでのちょっとしたお知らせ，野球場の掲示などさまざまな媒体の英語表現にも注目しながら日々を過ごした。無論，日本にいても書籍や新聞，ウェブサイト上の記事など多種多様な媒体に接することができるが，現地での用例収集は日本国内でのそれとは異なる趣がある。

第6章では，COCA や iWeb などの大規模コーパスに基づき使用頻度の観点から英語表現を考察したが，日々の言語観察がその出発点になる。例えば，次の (1) は 2016 年 7 月 17 日にデンバーで収集したバス内の注意書きの英文である。

(1) Keep head, arms and legs inside vehicle. Not doing so may lead to bodily impact with other objects which could result in death or serious injury.

まず，注目できるのは第1文である。日本語であれば「... を出さないでください」と否定を用いて表現するのが自然であるように思われる。日英対照の観点から興味深い。次に，2文目である。特に，Not doing so が主語になっている点に着目できる。(1) では may lead to NP が後続しているが，他にはどのような語（句）が後続しやすいのか，という点に興味を広げることができる。このようなときに，大規模コーパスが役に立つ。iWeb で Not doing so に後続する語を調査すると，can, will, could, may, would などの法助動詞が上位に来ることがわかる。「... してください。そうしないと〜する可能性があります」の表現として有益である。このように収集した用例は，印象に残りやすく英語表現力向上に大いに役立つだろう。

第 7 章

音読の作法
―音読を活用して発音やリスニング力の上達を目指す―

里井久輝・杉浦香織

1. 音読の効果・効能

「外国語学習には音読が重要であるから,とにかく何度も繰り返し音読をしなさい。」英語を学び始めたときから,誰もがこのようにいわれてきたのではないだろうか。なるほど音読は重要に思われるが,音読をしようにもそもそも語の発音が分からない(語レベル),文をどこで切って読めばよいのか分からない(句レベル),リズムやイントネーションをどう扱えばよいのか分からない(文レベル),アクセントのつけ方が分からない(語・句・文レベル),など生じた疑問を解消できず,結局どのように音読をすればよいのかが不明なまま,やみくもに声に出して英文を読み上げるだけ,などということにならなかっただろうか。

そもそもなぜ音読は重要なのだろうか。昔ながらの音読や暗唱という作業には,どのような効果・効能がみられるのだろうか。

音読に関するこれまでのさまざまな実証的な研究からは,音読を行うことと学習者の総合的な英語力向上との間には強い相関があることが明らかにされてきており,音読の多方面にわたる重要性が示されてきた。その中でも代表的なものを二つばかり挙げてみると,音読は発音改善にとって有意義な活動であり(土屋(2004)),音読によって語彙・文法・構文の定着に加え,リスニング力・理解を伴ったリーディング速度・内容理解力の向上を期待できる(鈴木・門田 (2012))。つまり,音読は英語運用能力の改善が期待できる有力な学習方法の一つだということである。そういえば英語の達人といわれる人たちが音読に相当多くの時間を費

やしているという話をよく耳にするが，それにはれっきとした理由があり，また，教育の現場で音読を敬遠しがちな生徒・学生たちに，昔から英語教員が「音読のすすめ」を伝え励行させるだけの客観的根拠が存在するのである。音読のスキルはまた，プレゼンテーション，ディスカッションやディベートなどの発展的活動を支える土台として，今後ますます重要視される自分自身の考え・意見をアウトプットするコミュニケーション活動への橋渡しをする役割も果たす。そのような効能あらたかな音読を，実際にはどのように行えばよいのだろうか。本章では，特に発音やリスニング力を自律的に向上させる音読の観点から，その効率的な方法 – 音読の作法 – を概観する。

2. 音読と発音記号

2.1. 発音記号の重要性

当然のことながら，音読を行う上で正確な発音は欠かせない。まずもって発音記号を読めるようにしておくことが重要である。発音記号が読めれば，未知の単語に遭遇しても自ら調べて音声を再生することができる。当たり前のことだと思われるかもしれないが，このことは英語音声教育上，非常に基本的かつ重要なことで，自律的な英語学習者を育成する上でも，英語教育の早い段階から発音記号に慣れ親しんでいくことの重要性はいくら強調してもしすぎることはない。

発音記号は，母語話者が共有する標準的な発音を記述したもの

である。したがって，非母語話者の話し手・読み手が発音記号を理解し，なるべくその記述のとおりの発音を心がけるならば，英語でコミュニケーションやプレゼンテーションを行う際に，聞き手に1回の発話で通じる判明度（明瞭性）の高い英語音声になる。まずは発音記号を習得し，記号を正確に音声に置き換えられるようにしておくこと，音読時には発音が不明な箇所をなくしておくこと，が音読の前提である。

2.2. 従来の発音記号と IPA (International Phonetic Alphabet)

通常私たちが英和辞典で目にする従来の発音記号は，長い間日本の英語教育で使用されてきた伝統的なものであるが，特に母音の音質や強勢表記の観点からは，本来の音を再現するのに十全な表記とはいえない。現在では，IPA (International Phonetic Alphabet) という発音記号が，LPD などの発音辞典や OED やイギリスの学習英英辞典（OALD など）等で広く使用されている。IPA は，従来の発音記号よりも少しだけ記号が多いものの，母語話者本来の英語らしい音を過不足なく再生することができるものとして有用であり，日本でも音声教育の現場で採用されるべきものである。もともと発音記号そのものに対して苦手意識を持つ人も散見するが，誰もが少しの努力で習得できるものなので，いたずらに記号アレルギーにならないようにしたい。また，IPA と従来の発音記号との相違点は主として以下のとおりわずかなので，より正確に母語話者音声を再生できる発音記号として，可能な限り IPA を習得するようにしたい。

- アクセント（強勢）記号は，「ˈ」（第1強勢）と「ˌ」（第2強勢）。母音の上ではなく，London /ˈlʌndən/ のように強勢音節の前に置く。
- 従来の /i/ は，音質の違いから IPA では次の2種類の母音表記に分かれる。

    /i/（緊張母音：鋭い「イ」の音）：feet /fiːt/
    /ɪ/（弛緩母音：「イ」と「エ」の中間のような音）：fit /fɪt/
- 従来の /u/ は，音質の違いから IPA では次の2種類の母音表記に分かれる。

    /u/（緊張母音：鋭い「ウ」の音）：boot /buːt/
    /ʊ/（弛緩母音：「ウ」と「オ」の中間のような音）：book /bʊk/
- アメリカ英語の /ɑ/ に対応するイギリス英語の短母音として /ɒ/ の表記が使用される。

    （例）hot /hɑt（アメリカ発音）| hɒt（イギリス発音）/
- アメリカ英語の /oʊ/ に対応するイギリス英語の二重母音として /əʊ/ の表記が使用される。

    （例）go /goʊ（アメリカ発音）| gəʊ（イギリス発音）/

2.3. 音読の発音モデルについて

ところで，音読の際に学習者はどのような発音のモデルを目標に設定すればよいだろうか。世界を見渡せば，およそ8割の英語使用者は非母語話者であり（Celce-Murcia et al. (2010)），母語の影響を受けたさまざまな発音の英語が飛び交っている。このよ

うな国際化が進む世界にあって，非母語話者間の意思疎通を考慮に入れ，母音や子音などの音素の数を絞って簡易化した発音モデルによる学習を提唱した研究者もいる (Jenkins (2000))。しかし，そのような英語の簡易化発音モデルを使用するには，そもそも前提として英語使用者間で英語の音韻体系を単純化するコンセンサスが必要であり，また母語話者に生じる音声上の違和感も課題となる（山根 (2015))。筆者らは，母語の影響を受けた英語の発音が意思疎通の阻害要因にならないように留意するべきであるという観点から，音読時に目指すべき発音モデルとして母語話者の発音を採用するべきだと考えている。実際のコミュニケーションの場で重要なことは，聞き手が母語話者であれ非母語話者であれ，こちらの発話を一度聞いただけで理解してもらえるような判明度の高い発音の産出を目指すことである。当然ながら母語話者が理解しにくいような発音モデルを採用することは本末転倒で避けるべきであるし，現実に多種多様な英語の発音が存在する中で，異なる母語を持つ英語学習者同士が互いに円滑な意思疎通を実現するためには，結局のところ母語話者の発音モデルを採用することが現実的で妥当であろう。

　英語母語話者の発音モデルとしては，アメリカ発音とイギリス発音の二つがあり，アメリカ英語は，主として，アメリカ・カナダとアジアなどを中心に，イギリス英語は，イギリス・オーストラリア・ニュージーランドとヨーロッパなどを中心に話されている。英和辞典や教科書を含め，日本の英語教育の現場では，伝統的に英語母語話者の発音モデルを採用してきたが，70年代半ば

頃を分岐点として，その主流はイギリス英語の発音から，アメリカ英語の発音になった。音読の際に採用するべき発音モデルとしては，その二つのうちどちらか自分の慣れている方でよいが，その差異についてはある程度知っておく必要がある。アメリカ発音を採用する場合には，子音の前や語末に来る r の音色（rhotic sound）と water などの母音間に挟まれる t の弾音化にも注意したい。なお，アメリカ発音とイギリス発音とで発音が異なる場合は，/ アメリカ発音 | イギリス発音 / の順で一般の英和辞典には記述されている。

3. 音読と発音改善：音読により発音の向上を図るための2条件

　学習者の総合的な英語スキルを伸長させる音読が，発音の向上にも寄与する可能性があることは上記に述べた。しかし，学習者は単に「音読のみ」で発音改善できるのだろうか。残念ながらこれは立証されていない（門田（2020））ものの，次の二つの条件が整えられれば，音読による発音の向上は期待できる。

　一つめは，学習者が音読の前にモデル音声を聞いて（音声インプット），模倣し発音できる機会を増やすことで，二つめは，学習者が音声文法ともいうべき，英語の音の仕組みやルールについての知識を，音声学の授業や自習によって習得しておくことである。

3.1. 音声インプットと音読による反復

　音読による発音向上の一つめの条件は，音声インプットである。もちろん個人差はあるものの，モデル音声をたくさん聞き込み，発音を模倣して音読を繰り返すことにより，学習者が自らの発音を英語母語話者の発音に近づけるということである。

　音声インプットは，教材に付属する音声でもよいし，好きな映画・ドラマ・TED Talks などを用いてもよい。幸い昨今は活用できるメディアに事欠かない時代なので，自分の気に入ったもの・レベルに合ったものを必要に応じてなるべく聞き込む作業を心がけるとよい。

　なお，学習者に音声インプットを与える方法も重要であり，効果的な一例として，内容を理解した後の英文を，一度に全てを聞く/聞かせるのではなく，文法的なまとまりごとに区切って音声を提示し，提示後，約2秒間停止して，その間に音読する/音読させる方法がある（鈴木・門田 (2012)）。なぜ約2秒なのだろうか。これは学習者が聞いた音の情報を頭の中で処理し，記憶にとどめておくことができる時間であり，この情報が「新鮮」なうちに音読を行うことによって，学習者はインプットした発音の情報・特徴・ルールを，頭の中に「貯蔵」し確実なものにすることができるのである。音声インプットに慣れてきたら，より上級編として，音声よりもほんのわずかだけ遅れて発音していくシャドウイングにより音読を行うのも効果的である。シャドウイングの詳細については，たとえば鈴木・門田 (2012) などで確認されたい。

3.2. 英語の音の仕組みやルール

 ところで，単にたくさんの音声インプットだけで，あるいはやみくもに音読するだけで，発音の改善は可能だろうか。実のところ，モデル音声を聞くだけで英語の発音特徴をうまく拾い上げて，自らの発音学習にスムーズに生かすことができる学習者ばかりではないであろうし，「モデルの発音を真似て音読しましょう」と教員から指示されても，自分の発音を客観視できる知識や技術がないと，発音を十分にモニタリングすることはなかなか難しい。では，どのようなアプローチが有効だろうか。

 そこで重要になるのが二つめの条件，学習者が英語の音の仕組みやルールに関する明示的な情報（基本的な音声学の知識と考えてよい）を持つことである。これにより音読をする際に，同時に自分の発音を客観的に認識し，意識的に修正することが可能になる。学習者が英語の音に関する一定の正確な知識を備えてこそ，自律的な発音の改善や音読のスキル向上が期待できるのである。

 音読はまたリスニングとも密接な関係を持つ。音読とリスニングの関係は，音楽のソルフェージュでいう視唱と聴音の関係に似ている。確実な読譜・視唱と，正確な聴音の間には強い相関関係があることが知られているが，音読とリスニングも同様で，自らの発音を意識的に確認し自らモニタリングしながら音読を進めることは，いわば自分自身の声でリスニングを行うことになるので，学習者のリスニング力の強化にも大きくかかわるのである。

 次節では，音読を進めていく際の必須の「作法」である，英語の音の仕組みやルールについて特に確認しておくべき留意点を概

観する。

4. 音読の作法

4.1. 音読の作法 (1)：アクセント・強勢 (ストレス)

本章の冒頭で見たように，英語教育の現場では，そもそもどのように音読すればよいのかについて明示的に示されることがほとんどないため，特に初学者は音読方法が分からず戸惑うことが多い。本節では，音読に必要な作法の根幹をなす基本的な音声面の知識やルールを確認していく。

4.1.1. 強勢の置き方

強勢（ストレス）は，それ以外の部分よりも音声的に強調され際立ち目立つ音声特徴のことで，語・句・文いずれのレベルにも作用する。アクセントという語が使われることも多いが，厳密にいうとアクセントは，連続音声で他よりも際立つ部分一般を指し，英語の強勢のほか，イントネーション・特有の訛り・話し方・音楽のアクセントなども含む多義語である。本章では，強勢というタームを用いていく。

強勢は，文中のいわば拍（beat）として英語のリズムを形作るので，非常に重要であり，音読時の強勢の置き方の要領をマスターしておく必要がある。強勢を示すアクセント記号は，IPA では「ˈ」で示される。強勢が作用する単位は音節であり，2音節以上の語において，相対的に他の音節よりも際立つ音節を示すため

に強勢音節の直前に強勢の記号「ˈ」が付加される（例：beautiful /ˈbjuːtɪfl/）ので、この強勢音節（/ˈbjuː/）を強調するつもりで発音するとよい。なお、go など1音節から成る単語はそのまま強勢音節となるが、IPA では記述の煩雑さを避けて強勢記号「ˈ」を付加しないのが普通である。

「強勢」は、その名前のとおり強く発音するところであるが、同時に強勢以外の部分（無強勢部分）よりも音が長く高く、母音もはっきりと聞こえる。すなわち、音の強さ・長さ・高さ・明確な母音の音質という4つの要素が複合したものが強勢の本体である。発音を確認する際には、発音記号とともに必ず強勢音節の位置も確認するようにし、強勢音節を強め・長め・高めに発音するよう心がけるとよい。もし強勢の置き方が分かりにくい場合は、日本語の高低アクセントに擬して、英語のアクセントをまずは音の高さでとらえ、強勢音節のみ高めに（その他の弱音節は低めに）発音してみると要領がつかみやすい。

4.1.2. 内容語と機能語

英単語を、主に品詞によって内容語と機能語に分類することがあるが、この分類は強勢にもかかわり、音読を行う上で非常に重要なものである。内容語（content word）とは、名詞・動詞・形容詞・副詞・指示代名詞/副詞・疑問詞など、実質的で明確な意味・内容を担う語であり、文中での強勢（文強勢や文アクセントともいう）はこの内容語に置かれる。それに対して、機能語（function word）は、前置詞・助動詞・接続詞・人称代名詞・関

係代名詞など，本来持っている意味よりも，文中の他の要素との文法的関係の方に大きくかかわる語のことで，機能語そのものを強調したり対照させたりする場合を除いては，機能語に強勢がくることはない。すなわち，音読を進める場合には，内容語（の強勢音節）に強勢を置き，機能語には強勢を置かずに発音していくことが基本となる。

4.1.3. 機能語の強形と弱形

　機能語は，原則として「強形」と「弱形」の2種類の発音を持つ。強形は，機能語を単独で発音する場合や，対比・対照・強調・引用する場合に用いられ，引用形ともいう。前節で見たとおり，機能語は通常強勢を持たず，その場合の発音は必ず弱形になる。弱形の発音では，強形時の母音があいまい母音（schwa）の /ə/ になったり（これを弱化という），母音・子音の脱落が生じたりすることが多く，私たちのよく知っている強形とはずいぶん異なる発音になるので注意しなければならない。私たちは機能語を初めて学ぶときにはたいてい強形の発音だけを覚えるため，音読時にもついそのまま強形で発音してしまいがちなので，以下に列挙する代表的な弱形の例を確認するなどして，文中で意識的に弱形の発音ができるよう練習しておく必要がある。

強形と弱形の例（矢印の左側が強形，右側が弱形。(r) はイギリス発音では発音しないことを示す。）

I /aɪ/→/ə/　　me /miː/→/mɪ/　　we /wiː/→/wɪ/　　our /aʊə(r)/→/ɑː(r)/

us /ʌs/→/əs/	you /juː/→/jə, jʊ/	your /jʊərǀjɔː/→/jə(r)/	he /hiː/→/iː,hɪ, ɪ/
she /ʃiː/→/ʃɪ/	they /ðeɪ/→/ðə/	their /ðeə(r)/→/ðə(r)/	them /ðem/→/ðə, əm, ðm/
is /ɪz/→/z, s/	am /æm/→/əm, m/	are /ɑː(r)/→/ə(r)/	was /wɑzǀwɒz/→/wəz/
were /wəː(r)/→/wə(r)/		been /biːn/→/bɪn/	there /ðeə(r)/→/ðə(r)/
can /kæn/→/kən, kn/	could /kʊd/→/kəd/	shall /ʃæl/→/ʃəl, ʃl/	should /ʃʊd/→/ʃəd, ʃd/
will /wɪl/→/wl, l/	would /wʊd/→/wəd, əd, d/	for /fɔː(r)/→/fə(r)/	of /ʌvǀɒv/→/əv/
from /frɑmǀfrɒm/→/frəm, frm/		to /tuː/→/tə, tʊ/	and /ænd/→/ənd, ən, n/
(助動詞の) have /hæv/→/həv, əv, v/	has /hæz/→/həz, əz, z, s/		
(従属接続詞・関係代名詞の) that /ðæt/→/ðət/			

　一般に弱形の発音は聞き取りにくく，リスニングを行う場合に学習者の弱点となりがちである。聞き取るべき発話の内容の重点は内容語の方にあるので，特にリスニングを苦手とする学習者は，強勢を伴う内容語の方をまずはしっかりと聞き取るように心がけるとよい。

4.2. 音読の作法（2）：語レベル

　音読では，まずは英単語の発音が分からなければ音読できないので，語レベルで発音のしかたが分からない単語に出会ったら，事前に必ず発音記号を確認するようにしたい。本章で発音記号の説明を詳しく行うことはできないので，個々の母音と子音の詳細については，音声学の教科書としてよく用いられている竹林・斎藤（2008）や片山・長瀬・上斗（1995）などで確認されたい。本節では，語レベルの音読の確認として，IPA の母音と子音につい

て概観し，特に留意すべき点のみを見ていく。母音であれ，子音であれ，未知のあるいは覚えきれていない記号を中心に学習すると効率的である。

4.2.1. 母音

日本語と音韻体系が異なる英語には，日本語にはない母音や子音がある。

英語の母音は，日本語よりも数が多くて驚くかもしれないが，8個の短母音（/ɪ/ /e/ /æ/ /ɑ|ɒ/ /ʌ/ /ʊ/ /ə/：二つ並んでいるものは左側がアメリカ発音，右側がイギリス発音を示す）が基本となるので，まずはこれからマスターしたい。二重母音は9個（/eɪ/ /aɪ/ /ɔɪ/ /oʊ|əʊ/ /aʊ/ /ɪə/ /eə/ /ʊə/）あり，短母音を二つ組み合わせた記号である。音を伸ばす長音記号 /ː/ を持つ長母音は5個（/iː/ /uː/ /ɔː/ /ɑː/ /əː/）ある。/ɪ/・/æ/・/ɑ|ɒ/・/ʌ/・/ʊ/・/ə/ など，見覚えはあっても自分ですぐに音を再現できないものがある場合はきちんと確認しておく必要がある。特にあいまい母音 /ə/ は，英語のすべての母音の中で圧倒的な出現頻度を誇り，強勢のない箇所で頻繁に出てくる発音なので，きちんと把握しておくことが重要である。また，2.2で見たとおり，/i/ と /ɪ/，/u/ と /ʊ/ の音質の違いについてもしっかり確認しておきたい。

4.2.2. 子音

子音も英語の方が数が多いが，日本語と発音が共通しているものも多いので，日本語にはない子音を中心に復習しておきたい。

日本語と発音が同じか似ているもの（/p/ /b/・/t/ /d/・/k/ /g/・/s/ /z/・/ʃ/ /ʒ/・/h/・/tʃ/ /dʒ/・/m/・/n/・/ŋ/・/w/・/j/：二つ並んでいるものは左側が無声音，右側が有声音であることを示す）についても，日本語にない子音（/f/ /v/・/θ/ /ð/・/r/・/l/）についても，母音と同様にいつでも記号から音を再現できるようにしておくことが音読の前提である。特に注意すべき子音を，日本語の音も例示しながら簡単に説明する。

(1) /ʃ/ /ʒ/　それぞれ「シュ」「ジュ」の出だしの音（母音の「ウ」を除いた音）。

(2) /tʃ/ /dʒ/　それぞれ「チュ」「ヂュ」の出だしの音（母音の「ウ」を除いた音）。

　　・(1) と (2) とは似た音であるが，(1) は連続して伸ばせる子音（摩擦音）で，(2) は伸ばせない1回きりの音（破擦音）。

(3) /ŋ/　日本語の鼻濁音（鼻にかかったガ行の音）に当たる音。後舌面（舌の奥の方の部分）を軟口蓋（口の中の天井にあたる部分）に接触させて発音する。「ング」の「グ」を鼻濁音化すれば発音しやすい。

(4) /w/　日本語の「ワ」の出だしの音（母音の「ア」を除いた音）であるが，英語では必ず唇を丸めて発音するよう心がけたい。

(5) /f/ /v/　上の前歯を下唇にあてて音を出す。日本語の「フ」「ブ」にならないように注意する。

(6) /θ/ /ð/　英語の th のつづりで使用される音（ただし地名の Thames や Thailand などに現れる th の発音は例外的に /t/）。舌先を軽く上下の歯で挟むか，難しい場合は舌先を上の前歯の下の部分にあてて発音する。thing / this などで日本語の「サ行」「ザ行」にならないように注意する。

(7) /r/・/l/　ともにカタカナにすると「ラ行」になるが，カタカナ発音にならないように発音のしかたに注意する。/r/ は，唇を丸めた「ウ」の音に「ラ行」をつけた音（たとえば「ウラ」）を，唇は丸めたまま1音になるように発音するとよい。実は英語特有の音で，舌は口の中のどこにも接触しない。/l/ は，舌先を上の歯茎につけて発音する。

4.3. 音読の作法 (3)：句レベル
4.3.1. 音読の区切り

　長い1文を音読するときには一息で読んでしまうことは難しいので，必ず文中のどこかで区切ることになり，どこで音読の区切りをつけて読めばよいのかが問題になる。イントネーションとのかかわりも考慮すると，これは実は一筋縄ではいかない問題なのだが，英語教育上なるべくシンプルで汎用性がある区切り方がありがたく，その意味で「音読はまとまった句（フレーズ）で区切る」とするのが分かりやく有用である。ここでいう句とは，フレーズ・リーディングなどでよく使用されているいわゆる文法的なまとまり・統語境界のフレーズと考えてよい。句は，名詞句・

動詞句・形容詞句・副詞句など，それぞれ一つの単位として意味内容を持っており，統語境界は意味の切れ目でもあるので，そこで区切ることにより，意味内容を理解しやすくなる。聞き手がいれば，聞き手にとって意味の取りやすい音読になるであろうし，音読の読み手（話し手）が句ごとの音読に慣れてくると，いわゆる「直読直解」（読みながら意味内容をイメージし確認できる）が可能になる。もし途中で区切り方が分からなくなってしまったら，とりあえず前置詞の前で区切るようにすれば，その後は前置詞句としてまとまった意味を持つ形容詞句または副詞句として機能するので，句レベルでの音読がしやすくなる。さらに，この区切り方では，いわば意味の切れ目が文中での切れ目となるので，句ではないが必要に応じてもちろん when / if / that などの従属接続詞の前でも区切ることになる。

4.3.2. 強勢：句の中の内容語と末尾焦点

句レベルにおいてももちろん強勢は作用し，対比・対照などの特別な意味を持たない場合（＝中立的な発音の場合）は，句の中の内容語に強勢が置かれる。句の中に内容語が複数含まれる場合には，以下の熟語やイディオムの句表現の例にように，原則として句内の最後の内容語に最も大きな強勢が置かれる。これは「旧情報から新情報へ」という英文を構成する場合の情報構造の流れにも合致する。最後に聞いた語句は記憶に残りやすいこともあり，新しい情報は最後に来て強勢が置かれ，いわゆる末尾焦点を形成する。

out of the 'blue　　　at the ˌtop of your 'voice
ˌmake yourself under'stood　ˌseparate the ˌsheep from the 'goats

ただし，以下のような慣用的に音形パターンが決まっていて上記の原則から外れる場合もあるので，そのような例に出会ったときには英英辞典等で確認しておくとよい。

at 'any rate　　for the 'most part　　There's ˌnothing 'to it.

4.4. 音読の作法（4）：文レベル
4.4.1. リズムを意識した音読

　文レベルの音読では，これまでの語レベルや句レベルの音読を複合させ，内容語に強勢を置き，機能語の弱形にも目を配りながら，まとまった句・節で区切り，1文全体の音読を完成させていくことになる。その際にもっとも留意したいのは，強勢を拍とする文のリズム（これを英語の強勢拍リズムという）を意識することである。強勢拍リズムは，一つの強勢と次の強勢までの間の持続時間を等時的に保つリズム傾向で，この強勢間の等時性（inter-stress isochrony）は特に英語の詩や歌詞などを音読したときにそのリズム感がよく感じられる。強勢音節は強め・長め・高めに発音し，逆に強勢のない弱音節は弱め・短めの発音を心がけると，強勢間が必ずしも等時的にならなくても英語らしいリズムを刻むことができる。文中には必ず強勢音節と弱音節とが交替で出てくるが，強勢音節の後には複数の弱音節が続くことも多い。具体例

として次の例を見てみよう。

It's |'hard for me to |'say I'm |'sorry.
弱 | 強 弱 弱 弱 | 強 弱 | 強 弱

この文中で強勢があるのは，内容語の hard と say と sorry の第 1 音節 sor である。最初の強勢音節 hard の後には，for me to という弱音節が 3 語続いている。強勢のある hard /hɑː(r)d/ は強め・長め・高めに発音し，for / me / to はいずれも弱音節なので，/fɔː(r) miː tuː/（フォー・ミー・トゥー）という強形ではなく，/fə(r) mɪ tə/ と弱形で，かつ強勢拍リズムに近づくために長さも圧縮されて短めに発音することになる。さらに，say と sor(ry) にも強勢を置き，[hard for me to] と [say I'm] と [sorry] がそれぞれ等時間隔になるように音読してみると，強勢拍リズムを体感しやすい。

4.4.2. 英語のリズムと母音の弱化

英語の強勢拍リズムは，自然な英語音声と感じられるかどうかという「英語らしさ」に大きくかかわる連続音声の韻律的な要素である。はたして非母語話者に英語らしさが必要かどうかという議論にはここでは立ち入らないが，上記の強勢拍リズムを意識した音読によって，英語らしい音声に近づくことができれば，特に母語話者に対する判明度は著しく向上する。逆に，日本語の影響を強く受けた英語音声ほど，英語らしい音声からは遠ざかり，判明度は低くなる。日本語と英語のリズムを理解しておくことは重

要で,音読の際にも役立つので,特に等時的単位の観点から言語のリズム特性をとらえておきたい。日本語では,たとえば「古池や　蛙飛び込む　水の音」という松尾芭蕉の俳句の1音(＝1モーラ)ずつはほぼ同じ長さである。すなわち,音声の単位となる各モーラが等時的(このようなリズムをモーラ拍リズムという)である。

これに対して,英語の強勢拍リズムは各強勢間の間隔が等時的傾向を持ち,各音節の音長は一般に等時的ではない。このような英語の強勢拍リズムのメカニズムから生じる英語らしい音声特徴の一つが,機能語のところで確認した,弱音節の母音があいまい母音化する「弱化」であり,弱音節は弱め・短めに発音される。強勢音節に比べて,弱音節の音長はいわば圧縮されて短くなるわけで,これにより英語のリズムが整えられていく。

なお,日本語は,基本的に音節の構造が開音節(母音で終わる音節)である。そのため,日本語を母語とする英語学習者は,英語の子音連続の間や,末尾子音の後など,本来母音が挿入されないところについ不要な母音を挿入し,そのまま日本語のリズムで「子音＋挿入母音」を等時的に発音する音読を行ってしまいがちなので,なるべくそのような母音挿入をしないよう心がけたい。

4.4.3. 英語音声の特徴－音声変化

音読していく際に必ず確認しておくべき英語らしい英語音声の特徴として,ある音が別の音に変わったり,消えてしまったりする音声変化がある。前節の母音弱化もその一つであるが,ほかに

も音の脱落・連結・同化などの現象がそれにあたる。個々の音声変化そのものは，語や句のレベルで生じるが，文全体で頻繁に生じる現象として，文レベルを扱う本節でこの音声変化を概観する。

音声変化がそれほど見られない日本語とは対照的に，英語は，通常の話速の発話において常に音声変化を伴う言語と考えておいた方がよい。この音声変化はいずれもリスニング上の大きな困難点・弱点となることが多いので，以下のような代表的な音声変化のパターンについてはきちんと習得し，音読やリスニングに生かしたい。

音の脱落は，弱母音（/ə/ や /ɪ/）が消えたり，子音が連続する場合に前の方の子音が発音されなくなったりする音声現象で，1単語中でも，単語間の連結部分でも生じる。子音では，特に閉鎖音 /p t k b d g/ は脱落しやすい。

　（脱落の例）かっこ内が脱落する箇所。
　　int(e)resting　　hist(o)ry　　nat(u)ral　　pos(t)card
　　firs(t)class　　ta(ke)care　　goo(d)time　　bi(g)game
　　don'(t)know

前後の音がつながる連結は，前の語の語末音と，後続語の語頭音とがつながり連続音声になるものである。初学者が1語ずつ区切って発音する場合とはずいぶん異なって聞こえるので注意したい。

(連結の例)下線部分が連結する箇所。

in America /ɪnəˈmerɪkə/　far away /fɑːrəˈweɪ/
Yes, it is. /ɪˈtɪz/(イギリス発音)　　Yes, it is. /ɪˈɾɪz/(アメリカ発音)

・アメリカ発音では母音で挟まれた /t/ は /d/ や /ɾ/(日本語のラ行の子音に近い音(弾音))になる。

同化は,連続する2音が影響しあって,本来の音が変化する現象である。1単語中でも,単語間の連結部分でも生じるが,単語間では次例のように後続音が /j/ の場合に同化が生じやすい。

(同化の例)下線部分が同化する箇所。
don't you：/tj/ → /tʃ/　need you：/dj/ → /dʒ/
miss you：/sj/ → /ʃ/　tells you：/zj/ → /ʒ/

これらの音声変化は,音読に習熟するにつれてある程度自然に身についていくが,特にリスニングの際に困難を感じるものについてはしっかりと身につけておきたい。

4.4.4. イントネーション

イントネーションは,語・句・節の中で生じる音の高さ(ピッチ)の変化のパターンのことで,話し手はイントネーションによって特定の部分を強調したり,心的態度を表現したりできる。文レベルの音読においては,イントネーションも考える必要があるが,イントネーションの体系(詳細は Wells (2006) などで確認さ

れたい）はパターンも機能も多様で複雑であり，そのままでは音読になじまないので，本節では，たとえば下降調のイントネーションは断定や陳述などを表し，上昇調は疑問などを表す，といったごく一般的な理解にとどめておく。なお，イントネーションを扱う場合は，作用領域としての基本単位である IP (intonation phrase) を考える必要があるが，IP の区切り方は統語境界と異なることも多いため，音読を行いにくい。そこで代案として，すでに 4.3.1 節で採用した，統語境界によるまとまった句（フレーズ）や節の区切りを IP の代用とすれば，音読時には同時にイントネーションも付与しやすくなる。イントネーションの基本は，IP ごとに（本節では，音読時の文中の区切りとなる各句・節ごとに），その中の最後の内容語の強勢音節で，イントネーション（上昇調や下降調など）を付与するということである。なお，各 IP 内の最後の内容語の強勢音節は音の高低変化（ピッチ変化）が最大となるところで，核音節と呼ばれる。

5. おわりに

　音読は，もっぱら音声面にのみかかわる学習方法のように思えるが，実はその実践そのものが，学習により内在化された文法や音声などの言語知識やルールをその場で即時に統合していく作業といえる。本章で扱った音読の作法そのものは，語・句・文のそれぞれのレベルで体得したものを音読という行為にまとめ上げる基本的な作業であるが，その際に同時並行的に行う営為は，個々

の母音・子音の発音と強勢の付与,内容語と機能語の識別,内容語への強勢付与と機能語の弱形発音など(語レベル),音読の区切りとなる統語境界(句・節)の確認,名詞句・動詞句・前置詞句などの統語的機能とその意味内容の都度イメージ喚起,熟語やイディオムの句表現における強勢配置など(句レベル),語レベル・句レベルの総合,文全体のリズム意識と母音の弱化,音の脱落・連結・同化への目配り,イントネーション付与など(文レベル),と各レベルで多岐にわたる。音読そのものが総合的な英語力を要求しているともいえるわけで,学習者は,音読時にこれらを意識的にモニタリングすることによって,自らの音読・発音を常に客観的にとらえ,必要に応じて自律的に改善していくことを目指したい。

> **コラム**

「ホロフェイム」ってなに?
──音の錯覚の不思議──

アメリカのニューヨーク州の田舎町に1週間ほどホームステイした。大学生の頃だ。わたしが野球ファンであることを知ったホストマザーがある日,「明日はホロフェイムに行くよ!」といった。「ホロフェイム?」何度聞いてもわからない。翌日,少々不安な気持ちを抱いたままホストファーザーが飛ばす車に2時間半ほど乗った。到着した場所は,美しい赤レンガ造りの "National Baseball Hall of Fame",「アメリカ野球殿堂博物館」で

あった。アメリカ野球界のレジェンドたちのエピソードや，使用した用具などが展示されている。野球愛好家にとって一度は訪れてみたい場所の一つだ。

　ところで，なぜ，"Hall of Fame /hɔːl əv feɪm/" が「ホロフェイム」と聞こえたのか。まず，英語の「強勢拍リズム」が関係している。英語では重要な情報を持つ語にアクセントが置かれるが，重要な意味を持たない単語にはアクセントは置かれない。つまり，hall /hɔːl/（ホール，殿堂）と fame /feɪm/（名声，栄誉）という内容語にはアクセントが置かれるが，機能語の of にはアクセントが置かれない。一方で，of は /əv/ と弱形で発音され，あいまい母音の /ə/ は，弱く，短めの音である。英語では発音上で単語と単語が繋がるため hall /hɔːl/ の語末にある /l/ と次の単語 of /əv/ の語頭の /ə/ が連結し，/lə/ と発音された。それが日本語の「ロ」に聞こえたようだ。英語の /ə/ を日本語の /o/ に置き換えて聞いたのだ。また，of /əv/ の語末の /v/ と次の単語 fame /feɪm/ の語頭の /f/ とは，同じ場所で発音される（/f/ も /v/ も上の前歯と下唇を使って発音されるので唇歯音という）ため，前の方の /v/ が脱落していた。"Hall of Fame" がつながって /hɔ lə feɪm/ と発音されたこの「音のイリュージョン」にわたしは気がつかず，うまく認識できなかったのだろう。ところで，"National Baseball Hall of Fame" に殿堂入りする選手は，ほんの一握り。2025年1月には，イチロー氏がその偉業を成し遂げた。日本選手として史上初の快挙であり，その名は永遠に刻まれるだろう。イチロー氏の功績に続き，大谷選手や未来の日本人選手たちが殿堂入りを果たす日も，そう遠くないだろう。

あとがき

かつて大学英語教育学会関西支部学習英文法研究会の代表を務められた岡田伸夫先生は,『英語教育と英文法の接点』(2001年,京都：美誠社)の中で,「誤りや欠陥のある内容は，コンピューターを使って教えようと，ゲームやペアワークを取り入れて教えようと，逆効果になりこそすれ，効果をあげることはできない。」(p. 20) と述べておられる。より良い英語教育を実践するためには方法論の充実，そしてそのための議論は言うまでもなく必要かつ重要であるが，方法論に力点が置かれ過ぎているきらいがあるのではないか，と思っていた学部生の頃，岡田先生の上記のお考えに触れ，我が意を得たりと興奮したことを鮮明に覚えている。それ以降，私の英語教育の実践においては常にこの考えが念頭にある。実際，教壇に立つと目の前の生徒や学生の反応に一喜一憂しながら，ともすると指導法や方法論に傾くことがある。しかし，健全な英語教育のためには，指導法・方法論の充実に加え英語の実態そのものをよく知ることもまた同様に重要である。

本書では，さまざまな観点から近年の英語学分野での研究成果を踏まえ，その分野を得意とする英語学研究者がポイントを論じてきたが，本書を読み終え英語をそのものの奥深さを改めて実感するとともに，英語研究に終わりはなく日進月歩の研究成果を追い続けることの重要性を感じていただけたとすれば，本書の重要

な目的の一つは達成できたと言える。そして，究極的には本書から得られた知見が何からの形で学習者に還元されるのであれば，我々執筆者にとってこの上ない幸せである。

　学習英文法研究にはさまざまな目的や視点がある。本書は「教員が知っておくべき文法」という観点から論じられている。そのため，本書で提示された内容は必ずしも明日の授業からすぐ使用可能なものばかりではなかったはずだ。むしろ長期的に見て有益な内容にも価値を置いているとも言える。しかしながら，「英文法」研究ではなく「学習英文法」研究では，成果をどのように学習に生かすことができるのかという視点や，より卑近な例を提供することもまた必要である。将来的には，「教員が知っておくべき文法」の中で「どの部分を学習者に落とし込むべきか」という視点に重きを置いて論じることも必要である。加えて，英語教育の実践者との意見交換や協働も重要であろう。引き続き，英語学分野と英語教育分野が互いに歩み寄るための現実的な視点を追求していく必要がある。

　私は，大学院博士前期課程1年次の2006年に学習英文法研究会の存在を知り，当時の代表であられた山本英一先生に連絡をして例会に初めて参加させていただいた。その後，幸運なことに山本先生からお声がけをいただき，例会での発表の機会をいただいた。今から振り返ると大変，拙い発表であったが，山本先生をはじめ参加者の方々から貴重なご助言を頂戴したことに改めて感謝の意を表したい。冒頭で触れた岡田伸夫先生，そして例会参加の

ご縁をいただいた山本英一先生との出会いがあって現在がある。当時の私からは本研究会の副代表を務め，その成果物を編者の一人として出版する日が来るなど想像もできなかったが，これまでご指導を賜ってきた先生方とのご縁のお陰と心から感謝している。

　私自身，指導法そのものにも大いに関心を持っている。現在は英語教員の養成にも携わっている。不易と流行を的確に判断するとともに，より良い英語教育の実践のためには少なくとも英語学的視点と教育的視点が同程度に必要であることを忘れてはならないと考えている。

西脇　幸太

参考文献

Aelbrecht, Lobke (2009) *You Have the Right to Remain Silent. The Syntactic Licensing of Ellipsis*, Catholic University of Brussels dissertation.

Alexiadou, Artemis, Elena Anagnostopoulou and Florian Schäfer (2015) *External Arguments in Transitivity Alternations: A Layering Approach*, Oxford University Press, Oxford.

Allerton, D. J. (1975) "Deletion and Proform Reduction," *Journal of Linguistics* 11, 213–237.

Anderson, Mona (1978) "NP Pre-posing in Noun Phrases," *Proceeding of the Eighth Annual Meeting of the North Eastern Linguistic Society*, 12–21.

安藤貞雄 (2005)『現代英文法講義』開拓社, 東京.

Bresnan, Joan (1982) "The Passive in Lexical Theory," *The Mental Representation of Grammatical Relations*, ed. by Joan Bresnan, 3–86, MIT Press, Cambridge, MA.

Celce-Murcia, Marianne, Donna M. Brinton, Janet M. Goodwin and Barry Griner (2010) *Teaching Pronunciation: A Course Book and Reference Guide*, 2nd ed., Cambridge University Press, New York.

Chomsky, Noam (1957) *Syntactic Structures*, Mouton, The Hague.

Chomsky, Noam (1972) "Remarks on Nominalization," *Studies on Semantics in Generative Grammar*, 11–61, Mouton, The Hague.

Chomsky, Noam (1972) *Studies on Semantics in Generative Grammar*, Mouton de Gryuter.

Chomsky, Noam (1981) *Lectures on Government and Binding*, Foris, Dordrecht.

Chomsky, Noam (1995) *The Minimalist Program*, MIT Press, Cambridge, MA.

Cowan, Ron (2008) *The Teacher's Grammar of English: A Course Book and Reference Guide*, Cambridge University Press, Cambridge.

出水孝典 (2018)『動詞の意味を分解する――様態・結果・状態の語彙意味論――』(開拓社言語・文化選書 71), 開拓社, 東京.

出水孝典 (2023)『語彙アスペクトと事象構造 (下) ――事象の枠を捉える 14 章――』(開拓社叢書 37), 開拓社, 東京.

江川泰一郎 (1991)『英文法解説――改訂三版――』金子書房, 東京.

江利川春雄 (2023)『英語と日本人――挫折と希望の 200 年』(ちくま新書), 筑摩書房, 東京.

Embick, David (2004) "On the Structure of Resultative Participles in English," *Linguistic Inquiry* 35, 355-392.

Fillmore, Charles J. (1986) "Pragmatically Controlled Zero Anaphora," *BLS* 12, 95-107. [Reprinted in (2020) *Form and Meaning in Language Volume II: Papers on Discourse and Pragmatics*, ed. by Pedro Gras, Jan-Ola Östman and Jef Verschueren, 135-148, CSLI Publications, Stanford, CA.]

Fox, Danny (2000) *Economy and Semantic Interpretation*, MIT Press, Cambridge, MA.

藤田耕司・松本マスミ・児玉一宏・谷口一美 (編) (2012)『最新言語理論を英語教育に活用する』開拓社, 東京.

Goldberg, Adele E. and Farrell Ackerman (2001) "The Pragmatics of Obligatory Adjuncts," *Language* 77, 798-814.

Grimshaw, Jane B. G. and Sten Vikner (1993) "Obligatory Adjuncts and the Structure of Events," *Knowledge and Language, Vol. II: Lexical and Conceptual Structure*, ed. by Eric Reuland and Werner Abraham, 143-155, Kluwer, Dordrecht.

Hankamer, Jorge and Ivan A. Sag (1976) "Deep and Surface Anaphora," *Linguistic Inquiry* 7, 391-426.

長谷川信子 (編) (2015)『日本の英語教育の今, そして, これから』開拓社, 東京.

早瀬尚子 (2002)『英語構文のカテゴリー形成:認知言語学の視点から』勁草書房, 東京.

Huddleston, Rodney and Geoffrey Pullum (2002) *Cambridge Grammar of the English Language*, Cambridge University Press, Cambridge.

池内正幸・窪薗晴夫・小菅和也（編）(2018)『英語学を英語授業に活かす：市河賞の精神を受け継いで』開拓社, 東京.

今尾康裕・岡田悠佑・小口一郎・早瀬尚子（編）(2017)『英語教育徹底リフレッシュ』開拓社, 東京.

井上永幸（監修）・和泉爾（編）(2021)『コーパス・クラウン総合英語』三省堂, 東京. ［CC 総合］

Jackendoff, Ray (1972) *Semantic Interpretation in Generative Grammar*, MIT Press, Cambridge, MA.

Jayaseelan, Karattuparambil A. (1990) "Incomplete VP Deletion and Gapping," *Linguistic Analysis* 20, 64-81.

Jenkins, Jennifer (2000) *The Phonology of English as an International Language*, Oxford University Press, Oxford.

Johnson, Kyle (2009) "Gapping Is Not (VP-) Ellipsis," *Linguistic Inquiry* 40, 289-328.

門田修平 (2020)『音読で外国語が話せるようになる科学：科学的に正しい音読トレーニングの理論と実践』SB クリエイティブ, 東京.

加賀信広・大橋一人 (2017)『授業力アップのための一歩進んだ英文法』開拓社, 東京.

影山太郎 (1996)『動詞意味論』くろしお出版, 東京.

片桐真澄 (1992)「書評論文 Shigeru MIYAGAWA: *Structure and Case Marking in Japanese: Syntax and Semantics* 22」『言語研究』vol. 101, 146-158.

片山嘉雄・長瀬慶来・上斗晶代 (1995)『英語音声学の基礎』研究社, 東京.

Keyser, Samuel Jay (1968) "Review of Sven Jacobson, *Adverbial Positions in English*," *Language* 44, 357-374.

Kjellmer, Göran (1991) "A Mint of Phrases," *English Corpus Linguistics*, ed. by Karin Aijmer and Bengt Altenberg, 111-127, Longman, New York.

Kobayashi, Keiichiro (1987) "A Note on Bare-NP Adverbs," *English Linguistics* 4, 336-341.

Kratzer, Angelika (2000) "Building Statives," *BLS* 26, 385-399.

久野暲・高見健一 (2015) 『謎解きの英文法　副詞と数量詞』くろしお出版, 東京.

Langacker, Ronald W. (1987) *Foundations of Cognitive Grammar*, vol. 1, *Theoretical Prerequisites*, Stanford University Press, Stanford, CA.

Langacker, Ronald W. (1991) *Foundations of Cognitive Grammar*, vol. 2, *Descriptive Application*, Stanford University Press, Stanford, CA.

Larson, Richard Kurth (1985) "Bare-NP Adverbs," *Linguistic Inquiry* 16, 595-621.

Larsen-Freeman, Diane and Celce-Murcia, Marianne (2015) *The Grammar Book: Form, Meaning, and Use for English Language Teachers*, Heinle & Heinle, Boston.

Lasnik, Howard (1999a) *Minimalist Analysis*, Blackwell, Oxford.

Lasnik, Howard (1999b) "On Feature Strength: Three Minimalist Approaches to Overt Movement," *Linguistic Inquiry* 34, 197-217.

Lasnik, Howard (2010) "On Ellipsis: Is Material that Is Phonetically Absent but Semantically Present Present or Absent Syntactically?" *Memory, Mind, and Language*, ed. by Hans Götzsche, Cambridge Scholars Publishing, Cambridge.

Levin, Beth (1993) *English Verb Classes and Alternations*, University of Chicago Press, Chicago.

Levin, Beth and Malka Rappaport (1986) "The Formation of Adjective Passives," *Linguistic Inquiry* 17, 623-661.

Levin, Nancy (1978) "Some Identity-of-Sense Deletions Puzzle Me. Do They You?" *CLS* 14, 229-240.

Lobeck, Anne (1995) *Ellipsis: Functional Heads, Licensing, and Identification*, Oxford University Press, Oxford.

Lobeck, Anne (1999) "VP Ellipsis and the Minimalist Program: Some Speculations and Proposals," *Fragments: Studies in Ellipsis and Gapping*, ed. by Shalom Lappin and Elabbas Benmamoun, 98-123, Oxford University Press, Oxford.

May, Robert (1985) *Logical Form*, MIT Press, Cambridge, MA.

McIntire, Andrew (2013) "Adjectival Passives and Adjectival Participles in English," *Non-Canonical Syntax*, ed. by Artemis Alexiadou and Florian Schäfer, 21-41, John Benjamins, Amsterdam/Philadelphia.

Molnär, Valeria and Susanne Winkler, eds. (2006) *The Architecture of Focus*, Mouton de Gryuter, Berlin.

中川直志・松元洋介・吉川寛（2017）『英語学と英語教育の接点』金星堂，東京．

永井智貴（1986）「時を表す副詞的名詞句（1）」『英語教育』12月号，67-69．

永井智貴（1987）「時を表す副詞的名詞句（2）」『英語教育』1月号，64-66．

中邑光男・山岡憲史・柏野健次（編）（2022）『ジーニアス総合英語』（第2版），大修館書店，東京．［G総合2］

日本語記述文法研究会（2009）『現代日本語文法5』くろしお出版，東京．

西脇幸太（2020）「中核から周辺への連続体としての英文法——生徒に伝える豊かさ・面白さ」『英語教育』第69巻第4号，22-23．

西脇幸太（2021a）「教科書本文に感想を一言加える活動——To one's surprise を例に（連載「コミュニケーションにつながる文法指導」第1回）」『英語教育』第70巻第1号，60-61．

西脇幸太（2021b）「感情を表す表現の理解を深める（連載「コミュニケーションにつながる文法指導」第2回）」『英語教育』第70巻第2号，58-59．

西脇幸太（2021c）「理由表現の型を生かした言語活動——partly because …, partly because …, but mainly because … を例に（連載「コミュニケーションにつながる文法指導」第4回）」『英語教育』第70巻第4号，58-59．

西脇幸太（2023）「Lemma 化の危険性：one's を例に」『立命館言語文化研究』34巻3号，27 38．

西脇幸太（2024）「適切な言語活動を支える英語語法文法」シンポジウム「話し言葉の文法とコーパス，そして英語教育」（2024年2月12日，主催：立命館大学国際言語文化研究所，於：立命館大学衣笠キャン

パス）ハンドアウト.

岡田伸夫（2001）『英語教育と英文法の接点』美誠社, 京都.

墺タカユキ（編著）（2017）『総合英語 Evergreen』いいずな書店, 東京.

Parsons, Rerence (1990) *Events in the Semantics of English: A Study in Subatomic Semantics*, MIT Press, Cambridge, MA.

Pesetsky, David (1995) *Zero Syntax: Experiencers and Cascades*, MIT Press, Cambridge, MA.

Quirk, Randolph, Sidney Greenbaum, Geoffrey Leech and Jan Svartvik (1985) *A Comprehensive Grammar of the English Language*, Longman, London.

Rappaport, Malka (1983) "On the Nature of Derived Nominals," *Papers in Lexical-Functional Grammar*, ed. by Lori Levin, Malka Rappaport and Annie Zeanan, 113-142, Indiana University Linguistic Club, Bloomington.

Rice, Sally (1988) "Unlikely Lexical Entries," *CLS* 14, 202-212.

Ross, John R. (1969) "Guess Who?" *CLS* 5, 252-286.

Rozwadowska, Bożena (1988) "Thematic Restriction on Derived Nominals," *Syntax and Semantics* 21: *Thematic Relations*, ed. by Wendy Wilkins, 147-165, Academic Press, San Diego.

斎藤浩一（2022）『日本の「英文法」ができるまで』研究社, 東京.

Sleeman, Petra (2011) "Verbal and Adjectival Participles: Position and Internal Structure," *Lingua* 121, 1569-1587.

Stubbs, Michael (1996) *Text and Corpus Analysis*, Blackwell, Oxford.

Stubbs, Michael (2002) "Two Quantitative Methods of Studying Phraseology in English," *International Journal of Corpus* 7(2), 215-244.

杉山忠一（2012）『英文法詳解』学研プラス, 東京.

鈴木寿一・門田修平（2012）『フォニックスからシャドーイングまで 英語音読指導ハンドブック』大修館書店, 東京.

Swan, Michael (1986) *Basic English Usage*, Oxford University Press, Oxford.

Taglicht, Josef (1984) *Message and Emphasis: On Focus and Scope in English*, Longman, London.

Takami, Ken-ichi (1992) *Preposition Stranding: From Syntactic to Functional Analyses*, Mouton De Gruyter, Berlin.

竹林滋・斎藤弘子 (2008)『英語音声学入門』大修館書店, 東京.

滝沢直宏 (2006)『コーパスで一目瞭然　品詞別　本物の英語はこう使う！』小学館, 東京.

滝沢直宏 (2007)「言語の慣習性とコーパス」『2007年日語教學國際會議論文集』61-73.

滝沢直宏 (2016)「コーパスからの情報抽出と抽出データの意味づけに関わる諸問題」『英語コーパス研究』23, 45-60.

滝沢直宏 (2017)『ことばの実際2　コーパスと英文法』(シリーズ英文法を解き明かす―現代英語の文法と語法10), 内田聖二・八木克正・安井泉（編）, 研究社, 東京.

Taylor, John R. (1994) "'Subjective' and 'Objective' Readings of Possessor Nominals," *Cognitive Linguistics* 5, 201-242.

Taylor, John R. (1996) *Possessives in English: An Exploration in Cognitive Grammar*, Oxford University Press, Oxford.

土屋澄男 (2004)『英語コミュニケーションの基礎を作る音読指導』研究社, 東京.

Wasow, Thomas (1977) "Transformations and the Lexicon," *Formal Syntax*, ed. by Peter W. Culicover, Thomas Wasow and Adrian Akmajian, 327-360, Academic Press, New York.

綿貫陽・宮川幸久・須貝猛敏・高松尚弘 (2000)『ロイヤル英文法改訂新版』旺文社, 東京.

綿貫陽・淀縄光洋・Mark F. Petersen (1994)『教師のためのロイヤル英文法』旺文社, 東京.

Wells, John C. (2006) *English Intonation: An Introduction*, Cambridge University Press, Cambridge.

Williams, Edwin S. (1977) "Discourse and Logical Form," *Linguistic Inquiry* 8, 101-139.

山根繁 (2015)「日本人学習者の目指す明瞭性 (intelligibility) の高い英語発音とは」『関西大学外国語学部紀要』13, 129-141.

安井稔 (1995)『納得のゆく英文解釈』開拓社, 東京.

安井稔 (1996)『英文法総覧 改訂版』開拓社, 東京.

吉波和彦・北村博一・上野隆男・本郷泰弘（編著）(2015)『ブレークスルー総合英語』（改訂二版），美誠社，京都．[BT 総合 2]

Zwicky, Arnold Melchior (1970) "*Usually* and *Unusually*," *Linguistic Inquiry* 1, 145.

データ出典

Clarke, Arthur C. (1987(1961)) *The Other Side of the Sky*, VGSF, London.

Emerick, Geoff (2007) *Here, There and Everywhere*, Gotham Books, New York.

Haddad, Lisa M. and Tammy J. Toney-Butler. "Empowerment," *StatPearls*, May 19, 2023. [https://www.ncbi.nlm.nih.gov/books/NBK430929/] (2024/4/22 確認)

Hagan, Margaret (2015) "Plain Language & Legal Design," Open Law Lab, February 9, 2015. [https://www.openlawlab.com/2015/02/09/plain-language-legal-design/] (2024/4/21 確認)

Malcolm, Chris (2005) "Legend of the Fall," *Chicago Tribune*, September 8, 2005. [https://www.chicagotribune.com/news/ct-xpm-2005-09-08-0509080364-story.html] (2023/12/16 確認)

Robinson, David (1985(2001)) *Chaplin: His Life and Art*, Penguin Books, London.

Thompson, Dave (2003) *Wall of Pain*, Sanctuary Publishing Limited, London.

辞書・事典

Encyclopædia Britannica [https://www.britannica.com/]

『ジーニアス英和大辞典』大修館書店，東京．

Longman Pronunciation Dictionary, 3rd ed. Pearson Education Limited, Harlow. [LPD]

Oxford Advanced Learner's Dictionary, 10th ed. [https://www.oxfordlearnersdictionaries.com/] [OALD]

『ランダムハウス英和大辞典　第 2 版』小学館，東京．

『新英和大辞典　第6版』研究社，東京．
『ウィズダム英和辞典　第4版』三省堂，東京．

コーパス

BNC*web*. [www.bncweb.lancs.ac.uk]

Corpus of Contemporary American English の full text [COCA]

The Intelligent Web Corpus の full text [iWeb]

　※ 第6章で用いた COCA と iWeb は，いずれも「商用での利用可」という条件で購入したものである．第6章で提示した各表現の頻度は，すべて full text を対象に処理をして得られたものであるが，full text は著作権保護の観点から一部が伏字になっているため，用例を確認する際には，適宜，WWW 上で公開されているものを利用している．

索　引

1. 日本語は五十音順に並べた。英語（で始まるもの）はアルファベット順で，最後に一括した。
2. 数字はページ数を表す。n は脚注を表す。

[あ行]

あいまい母音（schwa）　140, 142, 148, 153
相性　xi, 108-110, 114, 126
アクセント・強勢（ストレス）　xi, 74, 91, 95, 130, 133, 138-142, 145-147, 152, 153, 159
アメリカ発音・アメリカ英語　109, 133-135, 142, 150
イギリス発音・イギリス英語　133-135, 140, 142, 150
意味的対応関係　16
意味的同一性　x, 97, 99, 100
イントネーション　130, 138, 144, 150-152
受身　38, 41, 61
影響性の制約（Affectedness Constraint）　29n
英作文　16
エピソードの名詞化（episodic nominalization）　31, 32
音韻的削除操作　93
音読の区切り　144, 152

[か行]

核音節　151
学習英文法　22, 41, 61, 84
格フィルター（case filter）　76, 76n
過去分詞　ix, x, 40, 41, 43-46, 53, 54, 56, 61, 62
活動動詞　ix, 56, 57, 59, 60
過程　29, 32, 42, 55-59
還元訳　23, 24
間接疑問文削除　103-105
擬似空所化　x, 82, 84
擬似受動態　96
基底動詞（base verb）　23, 27, 29, 32
機能語（function word）　139,

140, 146, 148, 152, 153
厳しい解釈 99, 100
義務的付加詞（obligatory adjunct） 71, 71n, 72n
旧情報/新情報（情報構造） 72, 72n, 74, 119n, 145
強形 140, 147
強勢拍リズム 146-148, 153
緊張母音 133
空所化 x, 82, 84
屈折 88, 114
屈折接辞 88, 97
経験者の制約（Experiencer Constraint） 29n
形式名詞 24
形態的同一性 x, 85, 88
形容詞 42-44, 44n, 45, 45n, 46, 46n, 48, 49, 61, 62
形容詞的受身 ix, 40-45, 45n, 46, 46n, 47-50, 50n, 51-61, 61n
結果状態 18, 41, 42, 46, 46n, 47, 47n, 48, 48n, 49-55, 58-60
結果二次述語 48, 48n
結果の名詞化（result nominalization） 32
限定用法 40, 41
行為 xi, 4, 12, 41, 42, 46, 47, 54, 60, 151
構造的同一性 x, 83, 88, 93, 97-99
コーパス 54, 115n, 127
語と語の相性 xi, 114, 126
語とパターンの相性 xi, 110, 114, 126

[さ行]

再構築（reconstruct） 8
作成動詞 47, 48, 48n
作用域（scope） 66, 67, 69, 70, 75
子音 134, 135, 140-143, 148-150, 152
使役形（causative variant） 13
使役交替（causative alternation） ix, 3, 13, 16-18
使役主（causer） 13
弛緩母音 133
辞書形 114, 115
自他交替 ix, 3, 17, 17n
自動詞 ix, 2-5, 7, 10-18
弱形 140, 141, 146, 147, 153
シャドウイング 136
修飾 38, 40, 42, 43, 45, 45n, 46, 47, 47n, 54, 61, 73, 75
重名詞句転移（Heavy NP Shift: HNPS） x, 92, 93, 96, 97, 97n
主語所有格 ix, 26n, 27, 28, 32, 35, 36
受動 25n, 40, 41
純粋状態 42, 46, 47n, 48, 48n, 49, 49n, 53-55, 58
準体助詞 24
使用頻度 xi, 108-110, 114, 122, 126, 127
消失目的語（missing object） 3-5, 10, 11

消失目的語交替　ix, 3, 17, 18
状態動詞　54, 55
叙述用法　40, 41
所有格名詞句　26, 27, 29-31
心理動詞　27
数　124, 126
生成文法理論　82
接頭辞　44, 44n, 49, 79
先行詞内削除（Antecedent Contained Deletion: ACD）　101
前置詞随伴　96
総合英語　115, 116, 119, 122, 124
相対的作用域　98

[た行]

対比強勢　93, 95, 96n, 97
他動詞　ix, 2-7, 11-14, 15-18, 28, 29
中立性の制約（Neutral Constraint）　29, 29n, 31, 32, 37
直接目的語　43, 44
定空補部　→ 文脈削除
典型的な対象　4, 5
転送可能性規約（transportability convention）　x, 70-72
統語境界　144, 145, 151, 152
動詞句削除　x, 82, 84
動詞的受身　41-46, 61
動詞派生名詞（deverbal noun）　25n, 26n, 27, 38
特徴づけ（characterization）　74, 74n
捉え方　14n
とりたて助詞（focus particle）　64-66

[な行]

内容語（content word）　139-141, 145-147, 151-153
人称代名詞　xi, 34, 108, 115, 117, 119, 126, 139
能動態　45, 45n

[は行]

発音モデル　134, 135
反使役形（anticausative variant）　13
復元（recover）　8, 9, 85, 103
復元可能性　x, 84
副詞　x, 16, 46, 47, 51, 61, 64-79, 110, 114, 139
副詞と自動詞を用いた日本語　16
不定空補部　→ 不定削除
不定削除　4, 11
不定なのか文脈なのか　10
分詞形容詞　61, 62
文末焦点の原則（end-focus principle）　72, 72n, 92
文脈削除　7, 11
母音　132-135, 139-143, 148-150, 152, 153
補語　41, 43, 54

[ま行]

末尾焦点 (end-focus)　145
ミニマリスト・プログラム　82, 106
無生物主語　15
名詞化 (nominalization)　ix, 22, 22n, 25, 29, 29n, 31n
名詞化変形　22n
名詞構文　ix, 22-37
名詞表現　ix, 22, 22n, 23, 23n, 24, 27, 28
モーラ拍リズム　148
目的語所有格　ix, 27, 28, 30, 32, 35, 36

[や行・ら行]

ゆるい解釈　99, 100
様態副詞　46, 47
例文提示　xi, 108, 119, 124, 126
レマ化　xi, 114, 115, 115n, 125, 126

[英語]

because　108-114, 119n, 126
largely　111
ly 副詞　112
mainly　111-114
mostly　111
Noam Chomsky　23n, 29n, 76n, 79, 82, 88n
not A but B　109, 110, 114
one's　xi, 108, 115-120, 125, 126
partly　111-114
perhaps　111
possibly　111
primarily　111
probably　111
resultant state　50, 52, 53
simply　111-113
target state　50, 51
tired　118, 119, 119n, 120
to (the best of) one's knowledge　115, 122-125
to one's + 感情を表す名詞　115-119, 121-124
IP (intonation phrase)　151
IPA (International Phonetic Alphabet)　132, 133, 138, 139, 141

【執筆者紹介】（五十音順）

里井 久輝（さとい・ひさき）
龍谷大学教授。専門は音声学・言語学・英語教育。主要業績：『英語で歌おう！ スタンダード・ジャズ』（アルク，2013），『応用言語学の最前線――言語教育の現在と未来――』（共著，金星堂，2017），『英語リスニング指導ハンドブック』（共著，大修館書店，2018），『世界の英語リスニング』（アルク，2019），『フォーミュラと外国語学習・教育　定型表現研究入門』（共著，くろしお出版，2020），など。

杉浦 香織（すぎうら・かおり）
立命館大学教授。専門は第二言語音声習得・英語教育。主要業績："Using auditory word repetition to improve L2 pronunciation of English schwa by Japanese learners: From the perspective of phonological processing"（*The Journal of Asia TEFL 13*（3），2016），「日本人英語学習者によるシュワー /ə/ の発音習得――暗示的な発音指導の効果――」（『名詞句と音声・音韻の習得』（第二言語習得モノグラフシリーズ），くろしお出版，2017），「英語音声の暗示的学習――リズム音がもたらす効果――」（『第二言語習得研究の科学2　言語の指導』，くろしお出版，2023），など。

出水 孝典（でみず・たかのり）
神戸学院大学教授。専門は，英語学，特に語彙意味論。主要業績：「結果構文の翻訳から分かること」（『立命館言語文化研究』第27号，立命館大学国際言語文化研究所，2016），『動詞の意味を分解する』（開拓社，2018），『続・動詞の意味を分解する』（開拓社，2019），『語彙アスペクトと事象構造』（上）（下）（開拓社，2023），「動詞 visit の語彙意味論」（『構文形式と語彙情報』開拓社，2023），「動詞 work の様態はどう決まるのか」（*KLS Selected Papers 6: Selected Papers from the 48th Meeting of The Kansai Linguistic Society*, 2024）

西脇　幸太（にしわき・こうた）
岐阜聖徳学園大学専任講師。専門は，英語語法文法，学習英文法。主要業績：「連載『コミュニケーションにつながる文法指導』」（『英語教育』2021年4月号～9月号，大修館書店，2021），"The Semantics of the Intransitive *Eat Up/Drink Up* in Imperative Sentences"（『英語語法文法研究』第29号，開拓社，2022），『Vision Quest English Logic and Expression II (Ace・Hope), III』（文部科学省検定済教科書 高等学校外国語科用，共著，新興出版社啓林館，2022，2023），など。

平井　大輔（ひらい・だいすけ）
近畿大学教授。専門は，英語学，特に統語論。主要業績：「削除現象をめぐって――間接疑問文削除（スルーシング）を中心に――」（『生成文法の軌跡と展望』金星堂，2014），"On Derivation of Multiple Sluicing"（*JELS* 34, 2017），「非構成素削除によるスルーシングの分析」（『言語の本質を共時的・通時的に探る――大室剛志先生退官記念論集―』開拓社，2022），など。

前川　貴史（まえかわ・たかふみ）
龍谷大学教授。専門は，統語論・語彙意味論・英文法。主要業績："An HPSG Analysis of 'A Beautiful Two Weeks'"（*Linguistic Research* 30, 2013），「周辺的現象から見る英語名詞句の統語論」（『名詞をめぐる諸問題――語形成・意味・構文―』開拓社，2020），「形容詞 same と英語名詞句の統語論」（*KLS Selected Papers 3: Selected Papers from the 45th Meeting of The Kansai Linguistic Society*, 2021），など。

山本　修（やまもと・おさむ）
大阪公立大学准教授。専門は英語学，英語語法文法。主要業績：「2種類の叙述属格文について」（『ことばから心へ――認知の深淵』，開拓社，2020），「叙述属格文とコピュラ――Be 以外のコピュラを述部動詞とする叙述属格文」（『大阪市立大学英語教育開発センター紀要』第2号，2020），「X is Y's own 構文について」（『大阪市立大学英語教育開発センター紀要』第4号，2022），など。

吉田 幸治（よしだ・こうじ）
近畿大学教授。専門は，英語学・言語学。主要業績：「語頭子音が [ð] で始まる語の構造について」(『英語語法文法研究の新展開』，英宝社，2005)，「語末に添加される要素による中核的意味の変化」(『英語語法文法研究』第 28 号，開拓社，2021)，『話し手・聞き手と言語表現―語用論と文法の接点―』（編著，開拓社，2023），など。

学習英文法研究の新展開
―教員が知っておくべき文法― 〈開拓社 言語・文化選書106〉

2025年3月21日　第1版第1刷発行

編　者	前川貴史・西脇幸太・吉田幸治
著作者	出水孝典・山本　修・前川貴史・吉田幸治
	平井大輔・西脇幸太・里井久輝・杉浦香織
発行者	武村哲司
印刷所	日之出印刷株式会社

発行所　株式会社 開拓社　〒112-0003 東京都文京区春日2-13-1
電話　（03）6801-5651（代表）
振替　00160-8-39587
https://www.kaitakusha.co.jp

© 2025 T. Maekawa et al.　　ISBN978-4-7589-2606-5　C1382

JCOPY ＜出版者著作権管理機構 委託出版物＞

本書の無断複製は著作権法上での例外を除き禁じられています。複製される場合は、そのつど事前に、出版者著作権管理機構（電話 03-5244-5088, FAX 03-5244-5089, e-mail: info@jcopy.or.jp）の許諾を得てください。